Mind Hunter

破案神探

犯罪心理侧写

艾琳 ◎ 著

修订2版

中国法制出版社
CHINA LEGAL PUBLISHING HOUSE

前　言

在一间审讯室内，一个名叫安东尼的嫌疑犯正在接受审讯。坐在他对面的审讯员是FBI（美国联邦调查局）特工道格拉斯，安东尼被怀疑杀害了自己的妻子并焚尸，但面对审讯，安东尼什么都不说，只是目光呆滞地紧紧盯着一个地方看。“安东尼先生，请你告诉我，你的妻子失踪当天，你在哪里？都做了些什么？”“听说你的妻子经常带着宠物狗散步，请问那只宠物狗现在在哪里？”“你们之间的关系如何？她是否会经常关心你？”“她的社交圈是否广泛？平时都会接触到什么样的人？”……这一连串的审问，对安东尼来说根本不管用，他依旧保持着茫然的面部表情，目光无神。其他审讯员开始觉得，也许安东尼不应该被怀疑，他是因为失去了爱妻才变得神情木讷、反应迟钝的。

但道格拉斯并不这么认为，因为他发现了一些细节：虽然安东尼的面部表情几乎骗过了所有的人，但他的手一直躲在桌子下面做摩擦动作，两只脚踝紧紧交叠靠拢在一起。道格拉斯认为，这是很典型的“脚踝紧缩”的肢体动作，代表有所隐瞒。因此，道格拉斯并没有放弃审讯，还将那张桌子从两人之间挪开，这下道格拉斯发现安东尼的眼皮明显上抬，看了道格拉斯一眼，随后变换了一下自己的身体姿势。

在接下来的审讯中，道格拉斯再次将刚才的问题追问了一遍，但这次他换了一种方式："安东尼先生，我已经知道，在你的妻子失踪当天，你就在家！在和你的妻子争吵！""她要带着宠物狗出门散步，但被你拒绝，后来你们发生口角，你开始大骂宠物狗，你嫉妒它得到妻子的爱比你多……你们的关系并不好！"这一连串的问题之间并没有给安东尼留出回答的时间，安东尼惊愕地看着道格拉斯，想要狡辩，此时他的愤怒表情已经将他装出的悲伤、茫然表情推翻了。

这个时候，道格拉斯并没停止，而是接着说："是你杀害了你的妻子，连同宠物狗一起杀害了！""胡说，我没有杀害那条狗，那个笨女人为了一条狗连自己的命都不要了……"安东尼终于开口说话了。后来道格拉斯乘胜追击，终于查出了真相。原来，安东尼当天确实和妻子发生了争吵，他想一刀要了宠物狗的命，但不料妻子挡住了那一刀。

道格拉斯所采用的正是破案神探们经常使用的破案手段之一。那么，你想知道在上面这个案例中，道格拉斯是怎样看穿安东尼的表演的吗？为什么仅仅凭借安东尼的手部动作以及他紧紧交叠的脚踝就能确定他有所隐瞒呢？阅读完本书，你将发现你所获得的已经不仅仅是以上问题的答案了。

本书将全面揭秘破案神探的破案技巧：识人密码，如何看穿一个人的心思；另类情绪分析术，展露情绪下的真实表情；肢体动作阅人术，做自己最诚实的心理专家；听出弦外之音，把握对手性格；破解谎言密码，直取事实真相；独特心理影响术，迅速笼络人心；巧妙说服术，让对方无法说“不”。读完本书，你将会成为无懈可击的破案高手！

目　录

第一章　识人密码

面对任何一个嫌疑犯，对方一个眼神或一丝表情的变化、一个细微的动作等，都能成为破案神探识人的线索。你能通过观察对方的肢体动作解读他的心思吗？隐藏在头部动作中的心理奥秘有哪些？观察一个人的表情就能知道他在想什么吗？眼睛、鼻子、嘴角，还有常常被人忽视的眉毛，通过这些都可以看穿一个人的心思吗？

第一节　何以看出你在想什么 / 002

低头、耸肩心理 / 003

赢得好感的头部姿势 / 005

歪着脑袋是在想什么 / 006

第二节　内心世界的反射镜 / 008

第三节　隐秘表情背后的秘密 / 014

第四节　打开眼睛这扇窗 / 019

眼睛会说话 / 019

透过视线读懂心思 / 020

观察瞳孔大小可知内心变化 / 022

眼球的秘密 / 024

眨眼的秘密 / 028
观眼识人其实是有根据的 / 031
第五节 嘴角泄露心机 / 035
嘴部动作的心理玄机 / 035
关于撒谎的嘴部小动作 / 037
第六节 根据笑容看穿其底细 / 039
笑容的磁场 / 039
不同的笑容代表不同的性格和心理 / 042
第七节 眉毛如何“表情达意” / 045
眉毛向你传达什么信息 / 045
第八节 鼻子“嗅出”的信号 / 049
鼻子向你传达什么信息 / 049
鼻子帮你解读性格秘密 / 053

第二章 另类情绪分析术

情绪是一种很复杂的心理现象，我们平时在观察一个人的喜怒哀乐时，常常通过他的面部表情来一探究竟。的确，面部表情可以很形象地反映某种特定的情绪，但如果对方故意掩饰，我们就没法从表情中得到真相。不过，情绪也有其特殊的表现方式，如肢体动作。情绪从哪里来？情绪真实的表现在面部是什么样子的？怎样通过情绪的解读把握犯罪主体的心理变化？

第一节 你不知道的情绪 / 058
情绪来自哪里 / 058
情绪是如何产生的 / 060

第二节 被情绪主宰的几种微表情 / 063
被惊讶主宰的面部表情 / 063
被悲伤主宰的面部表情 / 065
被恐惧主宰的面部表情 / 068
被愤怒主宰的面部表情 / 069
被厌恶主宰的面部表情 / 071
第三节 由情绪变化把握主体的心理变化 / 073
引发罪犯作案的罪魁祸首 / 073
学会研究和分析情绪的变化 / 075
第四节 由情绪引起的几种行为变化 / 078
示弱的脖颈 / 078
冻结反应 / 080

第三章 肢体动作阅人术

俗话说："画龙画虎难画骨，知人知面不知心。"很多时候我们看得到一个人的外在，却很难看清楚他的内心。破案神探认为，肢体语言是人类的第二语言，它比口头语言还要真实。你知道躯体距离的远近在心理学中如何解读吗？手臂可以传达哪些信息？腿脚又为什么被称为"最诚实的心理学专家"？一个人的习惯性动作中透露出什么信息？坐姿、行姿又是如何反映一个人的性格特征的？

第一节 距离远近的奥秘 / 086
躯体远近的信号 / 086
躯体的自我保护 / 087
躯体距离背后的秘密 / 089

“胸”“腹”语 / 091
第二节　手指传达什么信号 / 095
第三节　来自手臂的心语 / 098
手臂想表达什么 / 098
手臂的领地占领与捍卫 / 099
第四节　最诚实的心理专家 / 102
“快乐脚”与“转向脚” / 102
何时最融洽 / 103
腿脚的领地占领和捍卫 / 104
第五节　坐姿与行姿泄露性格 / 106
坐姿帮你识别人心 / 106
走路的姿势也可昭示人心 / 108

第四章　听出弦外之音

日常生活中，常常有很多人能够通过一个人的声音就辨识出他是谁，还能听出这个人的情绪是高涨还是低落。在破案神探看来，说话的声音包含了很多个层面，如声调的高低、语速的快慢等，从中可以把握对方的情绪变化和心理状态，甚至还可以解读出他们的性格特征。你想知道如何由声音听出性格吗？在语速的快慢中隐含了多少心理秘密呢？一个人喜欢谈论的话题也能表现他的性格吗？口头禅是否也能泄露某些不为人知的心理秘密呢？

第一节　听声音——得知其性格 / 114
声音大小的心理学秘密 / 114
语气里的心理学秘密 / 115

第二节 听语速——了解其内心 / 119
第三节 听话题——把握其性情 / 122
第四节 听口头禅——解读其潜在人格 / 126

第五章 破解谎言密码

不管是审讯还是谈判，都应该凭借敏锐的观察力、卓越的辩论才能，以及缜密的思维。而破案神探在和对手的较量中，通常会耗费很大一部分精力去分析对方的心理和行为，因为只有找准了对方的软肋，才能一招制胜。那么，我们如何与对手开展一场有效的谈话？在谈话中怎样顺利走进对方的心？在对话的过程中如何通过观察细节来获得有价值的信息？怎样才能保持优势，并成功击垮对方的心理防线，获得我们想要的真相?

第一节 侧写侦查技巧 / 134
第二节 走进他的心里 / 138
进行一场有目的的谈话 / 138
表明立场——我来帮助你 / 139
对方最感兴趣的是什么 / 140
寻求合作的条件 / 142
如何有效且恰到好处地给出承诺 / 144
第三节 通过表情与动作发掘其真实想法 / 148
潜意识的作用 / 148
表情的秘密 / 151
第四节 赢得绝对优势 / 154
使用连续发问的形式 / 154

有效运用空间 / 155
第五节　击垮对方心理防线的技巧 / 158

第六章　独特心理影响术

要想从对方口中获得你想知道的信息，或者达到某种目的，势必要懂得一些影响他人心理的技巧。比如，你首先要笼络你想施加心理影响的对象，与其建立起信任的关系，而面对不同性格的人，还要采用不同的心理策略等。如果突遇对方发怒，你该如何应对，是和他针锋相对，还是巧妙化解？面对困局，你该学会哪些能够帮助你转危为安的心理技巧？

第一节　笼络人心的技巧 / 164
询问对方最拿手的 / 164
赢得好感 / 167
建立信任 / 169
第二节　不同的性格不同的应对策略 / 172
第三节　如何对付愤怒之人 / 175
第四节　“矛盾”心理突破术 / 178
第五节　困局心理影响术 / 182
坦承错误 / 182
转移话题 / 183
沉默战术 / 184
转身离开 / 186
变换姿态 / 186

第七章 巧妙说服术

运用心理影响术的一个最主要的目标就是要说服对方，让对方无法说“不”。这已不仅仅是破案神探的独门心理秘籍了，因为这些心理技巧早已被广泛应用于日常生活之中。你想知道怎样说服人心才最为有效吗？在这一章中，破案神探将教你巧妙说服术，让你在不知不觉中成为说服高手。

第一节 自己人效应——被信任很重要 / 190
找到共同利益 / 190
寻求共鸣 / 191
投其所好，内部离间 / 193
欲擒故纵 / 194
适当的距离 / 197
第二节 从众效应——大家都招了，你还不招吗 / 199
第三节 顺水推舟——快速突破心理防线的诀窍 / 202
顺水推舟，归谬说理 / 202
顺水推舟，请君入瓮 / 204
第四节 逐层深入——直达人心的步步制胜法 / 206
以情动人，达成共识 / 206
抽丝剥茧，各个击破 / 208
抓准最佳的时机 / 209

第一章

识人密码

面对任何一个嫌疑犯，对方一个眼神或一丝表情的变化、一个细微的动作等，都能成为破案神探识人的线索。你能通过观察对方的肢体动作解读他的心思吗？隐藏在头部动作中的心理奥秘有哪些？观察一个人的表情就能知道他在想什么吗？眼睛、鼻子、嘴角，还有常常被人忽视的眉毛，通过这些都可以看穿一个人的心思吗？

第一节 何以看出你在想什么

一般而言，你的心里在想什么谁都不会知道。但假如你的面前是一位破案神探，那可就要小心了，因为他们很可能一眼就能看穿你的心思。

曾经在一次审讯过程中，FBI 特工面对一名嫌疑犯，询问他关于作案工具的问题。嫌疑犯很谨慎地回答着审讯者的提问。当时他还不是重点怀疑对象，并且也有充分的证据证明自己不在案发现场。

审讯者连续问道："如果你参与了这宗杀人案，你会使用手枪作为作案工具吗？""如果你参与了这宗杀人案，你会使用尖刀作案吗？""如果你参与了这宗杀人案，你会使用碎冰锥作案吗？""如果你参与了这宗杀人案，你会使用锤子作案吗？"在发问的同时，审讯者一直在观察对方的面部表情以及肢体反应。

这里所提到的很多作案工具都是有可能的，但只有"碎冰锥"是大家早就心知肚明的作案工具，嫌疑犯自然也很清楚。于是，FBI 特工发现了一个很有价值的信号：嫌疑犯在听到"碎冰锥"的时候，眼皮明显下耷，同时脑袋微微下垂，整个身体也渐渐改变了之前的开放模式，转而集中向内收缩。经过这次讯问，该名嫌疑犯便成了重点怀疑对象。结果证明，FBI 特工的判断是完全正确的。

低头、耸肩心理

一个人在逃避心理的作用下，即使嘴上不会表达，在肢体动作上也会露出端倪。如果只从头部动作观察，很多作案后的罪犯，如盗贼，在公共场合都会不由自主地将脑袋压低，耸起肩膀，或者将衣领竖起来，恨不得一下子把头缩进身体里，这其实正是逃避心理在起作用，以此来减少被关注度，犹如那些掩耳盗铃的人，以为把耳朵堵住，自己听不见铃声，就不会被发现。可见，低头和耸肩可以使身体范围变小，潜意识中是不希望被别人发现。

心理学家认为，低头是逃避心理的典型表现。或者说，头部动作是心理状态的暗示。头部是人类身体最为重要的器官之一，是身体的总指挥部，肢体反应几乎全部由大脑决策。因此，它是破案神探在解读肢体语言时重点关注的一个部分。

一般情况下，低头代表的是服从。破案神探认为，如果是在特定的情境下，结合具体的肢体反应，那么低头表示的“内涵”要更加丰富。低下头，脸向下，似乎要把脸藏起来，试图用这种方式来减少对方对自己的关注程度，进而获得心理上的安抚。除了上文所说的盗贼在行窃之后会做出这样的动作之外，也有人在害羞的时候喜欢这样做。因此，它究竟传达的是哪一种心理，还需要根据具体情境作判断。

实际上，害羞的人心中存在某种担忧，担心在重视的人面前暴露不足和缺点，减少了被认可和被接纳的可能性，于是将自己的脸隐藏起来，或者躲开对方的视线；当然，一个人在愧疚的时候也会下意识地低下头。当一个人很清楚地意识到自己的不足和错误，此时其自我的评价已经远远低于别人的客观评价，便会因担心客观评价降低而低下头。但面对类似的情况也并非所有人都会低下头，有些人也会在惭愧的时候闭上眼睛，或将视线移向下方。

不过，不排除故作姿态者。很多人虽然低下了头，也并不一定表示他屈从了。破案神探发现，一个人如果在低头时脊柱依然保持挺立的状态并且看上去很有力度，那就表示一定的服从。但破案神探认为，这种形式的低头只代表对事件本身的服从，却并不表示对对方传递的信息的接受与认可，具体还要结合他的面部表情作判断。

比如，老师在教导考试不及格的学生时，往往谆谆教诲，表达期望，言辞间会为其灌输很多自认为很有用的学习方法或大道理。但这在学生的眼里却并不一定就是真理，虽然他也知道自己考试不及格，确实说不过去，于是低着头表示服从，可心里显然对那些“谆谆教诲”不认同——表面服从，内心并不认同。那么，此时他的脊柱往往就是直立的；如果低下头的同时，也真心表示愧疚，那么脊柱会向前倾斜一个幅度，看上去就不再那么有力度。

相反，假如脊柱是弯曲且背部呈微驼状，更有甚者身体的其他部位也跟着一起降低姿态或弯曲，那就表明动作发出者当前并没有反抗的意思，但也并不一定代表认可。如果排除礼仪需要和有意识地加以培养的动作，我们就可以认为，人在站立的时候低头且脊柱弯曲，是出于对对方的认同，有时候也是对身份差异的认可。

赢得好感的头部姿势

与低头相对的是抬头。抬头表示关注，特别是那些一直在埋头学习或工作的人，抬头看黑板或抬头看向正在与自己说话的人，因为抬起头来意味着当前的视线已经发生转移，关注焦点发生变化。不过，抬头固然会引发对方的好感，给别人被尊重和被关注的感觉，可如果抬头的幅度过大，就会在视觉上给人后仰的感觉，看上去你似乎是在用鼻孔与之对话，容易使别人感觉你过于自信，以至于骄傲、清高，甚至势利。更糟糕的是，倘若被对方误认为是在挑衅的话，那就得不偿失了。

通常情况下，我们认为点头表示一种赞同。和低头一样，这个动作在破案神探的眼中还有另外一层含义。比如，同样是点头动作，如果连续点头两三次，就代表产生了浓厚的兴趣，而一直不停地点头，表现的则是一种不耐烦的心理。

破案神探分析，人在点头的时候往往身体前倾，能够显示出恭敬之意。因此，人际交往中恰到好处的点头会拉近彼此之间的心理距离。比如，你在倾听对方说话的时候，适当地做缓慢、有规律的点头动作，就会让对方感觉到你是很认真地在倾听着他的诉说，给予了他足够的尊重，并向他表示“我对这个话题很感兴趣呢”“我很赞同你的说法”等；但如果你对当前的话题一点兴趣都没有，想让对方停止，那就可以接连无规律地点头，这就表示“阻断”，是在向对方暗示“我感觉枯燥乏味”“我已经不想听了”“你别再说了”等。

在此基础上，破案神探认为，要想获得他人的好感，就要尽量引导对方做出一些开放性的姿势。如果专门就头部动作而言，我们在向他人传递某种观点，并希望获得赞同而不是怀疑或批判时，若想让对方做出抬头这种表示关注的姿势，而不是低头这样表示逃避和不自信的动作，那就可以在阐述时挺直腰板，充分表达自信，同时也使自己显得更高，对方不得不抬起头来，和你保持水平上的一致。因为心理与动作相辅相成的关系，那么，批判心理也就很难在第一时间产生。

与点头相对的是摇头。日常生活中，摇头表示的是拒绝或不赞同。应当引起注意的是,如果一个人在说着“是的”“好的”的时候，做出了摇头的动作，这就是心口不一的表现。在肢体语言中，这属于非同步行为，也是下文将会讨论的重点之一。

歪着脑袋是在想什么

另外，还有一种头部动作——歪头。在大人们的眼中，一些调皮可爱、好奇心很强的孩子会经常歪着脑袋，看上去很惹人疼爱。但是，在破案神探看来，歪头代表放下戒备。相对于上述几种头部动作而言，歪头更加能够给人一种顺从感。因为歪头的同时会露出部分脖颈，颈部是人体中较为敏感和脆弱的部位之一，露出颈部代表着某种程度上的放松。当事人只有在觉得没有危险的情况下，才会做出歪头的动作。

歪头的动作在儿童和女性身上比较常见，这是一种渴望被保护的暗示。当然，即便是再强悍的人，只要歪着脑袋露出他的脖颈，那么，之前的强势也就荡然无存。男女在约会期间，女方如果歪着脑袋问男方问题，并露出了自己优美的颈部曲线，那是她已经放松了警惕，代表好感的产生。反之，如果她将头部收回，把原本向前倾斜的身体向后面移动，整个人随即远离，这就表示此刻不满或反对情绪的出现。与之相对的则是头部前倾动作，该动作代表对眼前之事或眼前之人的浓厚兴趣，甚至充满了爱意；但假设是两个正在吵架的人，前倾的脑袋所代表的局势就不容乐观了，头部前倾的一方必定是对对方产生了很强烈的敌意。

日常生活中，歪头也暗示坦诚与开诚布公。当与重要客户谈判或与一个陌生人首次接触时，歪头的动作很容易拉近心理距离，与直着脖子与人对话相比，微微倾斜的脑袋更能传递友好和善意，让他人感受到被信任。

不过，破案神探还发现，歪头有时候也表示一种挑衅。配合斜视的面部表情，挑衅的意味就更加浓重。

第二节　内心世界的反射镜

破案神探认为，在工作的过程中，尤其是在和对方交谈的时候，一些不经意间的肢体动作往往暗藏着巨大的价值。

史密斯是CIA的一名高级特工，一次他接受了一项任务——前往伊朗暗杀一名伊朗政客。但这个过程并不顺利，在监视时又遇到种种麻烦，导致监视对象无故在史密斯的视线中消失。不过，史密斯又把监视目标转向了另外一个人——政客的手下阿什利，史密斯足足花了3个月的时间，但依旧一无所获。

就在史密斯准备要放弃的关头，他意外地发现阿什利秘密会见了一个陌生男子，在两人对话期间，阿什利的表情严肃，相当意味深长。在临走之时，阿什利还用力地拍了拍陌生男子的肩膀，交代几句后环视四周，确信无人监视后才离开。这让史密斯清楚地认识到，阿什利交代给陌生男子的一定是十分重要的事情，并且是和那名政客有关的。

后来，史密斯密切跟踪调查。一个星期之后，史密斯最终将这名男子与政客一起抓获。

人在说话时，拍打对方肩膀的动作代表着彼此间相互信任的关系。史密斯就是根据这个动作，判断出这名陌生男子将会与政客有直接接触的。

有一次，FBI 接到一起强奸案，受害者是一个未成年女孩。这位女孩跟随哥哥在外地读书，父母并不在身边。在得知妹妹被强奸的消息后，哥哥十分愤怒，他在与 FBI 特工交谈的时候，双拳紧握，眼神中充满憎恨。FBI 特工读出了他内心深处想要与犯罪分子拼命的情绪，同时从他充满憎恨却依旧故作镇定的眼神中，FBI 特工认为他是个沉得住气的人。于是，FBI 特工决定用这名男子做线人。在完成任务之前，这名男子一直沉稳机警，工作认真；后来根据他所提供的重要线索，几名恐怖分子被一举抓获，包括那名强奸犯。

受过特训的 FBI 特工身上总是有种特殊的超能力，他们不但能够一眼看穿对方的心思，还能在言行举止中捕捉常人看不到的信息。

非语言，也即身体语言或肢体语言，是人类真实内心的反射镜，它比任何话语都要来得真实可信，其根源还是因为身体语言比言语更加令人难以控制。首先，人类的情绪与身体语言之间有较为紧密的联系，但和言语之间却没有直接的联系；其次，人类操纵言语的技巧似乎比控制行为更加熟练，而肢体行为往往并不会轻易受到控制；再次，由于言语交流的重要性而使得人们往往忽略了行为背后的含义；最后，就是肢体动作往往在人们不知不觉中就发生了，而当事人却常常意识不到。

要想读懂人类的身体语言所泄露出来的真实内心的信息并不简单，如果只是简单遵循书本上介绍的条条框框，是无法真正收到效果的，甚至还会造成“冤假错案”，适得其反。重要的是，要将它们灵活地运用到你的生活中，并对号入座。以下几条戒律可以帮助身体语言观察者更好地解读其中的心理秘密。

第一，要在特定环境中积极观察。人在紧张时会出现颤抖、拉衣角、合拢双腿等现象，但这并不代表他就一定是在说假话，引起紧张的原因有很多，也许是羞怯，也许是生性使然，你需要根据当时所处的环境加以分析，才会得出正确的结论。

身体语言并不像我们平时所说的话，只要用耳朵听就可以。我们不仅要倾听，还要仔细观察。大多数时候，人们看见了，但因为没有用心观察，最终就像戴上了眼罩一样，无论是面对面交流，还是仅仅进行语言交流，两者一点差别都没有。如果在特定的情景中加以观察，那对身体语言的解读将会更加准确。

比如，交通事故之后，大多数的人会感到震惊，继而表现出恐慌，手会不自觉地颤抖，这是因为事故之后，人们受到来自大脑边缘系统的控制，震惊和恐惧，乃至颤抖都是潜意识反应，也是人的真实内心的写照。

第二，了解普遍存在的身体语言。身体语言普遍存在于人的一举一动之中，哪怕是一个眼神，一声叹息，一个手势等，都可以成为研究的对象。生活中那些无时无刻不在表现的肢体动作，任何一个都有机会成为破解对方心理密码的关键。

第三，寻找特殊身体语言的含义。那些普遍的身体语言所传达出来的信号似乎毫无悬念，出现在任何一个人的身上，表达的意思都大同小异。但是，如果留心你身边那些比较熟悉的人，或许还会有更多的发现，并且总有那么一些动作是他们独有的。获取这类信息，就会让你在解读身体语言上少费精力，同时提高准确度。

第四，寻找基线行为。要实现第三条，就不能不对那些你经常接触的人的基线行为加以研究。因为对正常状态下的表现仔细观察之后，才能区别出不正常的行为。所谓基线行为，是指在正常情况下当事人的行为习惯，如在放松状态下，他的坐姿、站姿、面部表情，习惯以何种语气与人对话，等等。这样才会准确地判断对方在重压下的反常行为表现。

了解一个人的基线行为很重要，哪怕你与这个人仅仅是初次见面，你也应该在刚开始气氛比较轻松的时候仔细观察他。那么，接下来，如果对方出现了背离常态的行为，你就能够很快辨识出来。

第五，发现行为变化背后的秘密。比如，你和好友一起逛街，路上遇见了你们共同的姐妹，你开心地向她打招呼，却发现你身边的好友并没有反应，甚至表情淡漠，这与她以往的态度截然相反。这就是警示信号。你该知道的是，她们俩之间一定发生了什么不愉快的事。

一个人行为的突然变化暗示着其正在对某种信息进行加工与调适。原本很要好的姐妹一见面都是拉手或拥抱，反常情况的发生不仅预示着良好关系正在破裂或已经破裂，而且暗示着某些不和因素的存在。是什么导致行为的变化？这就是需要揭开的谜底。好比我们本来很开心地接听某人的电话，当电话中传来不好的消息时，我们的身体会随情绪立即产生反射反应。

一个人的行为变化还暗示着他在某种环境下的兴趣和意图。

FBI 特工曾经在一家超市的结账台前注意到一名男子，排队结账的人不算多，但他并没有站在队伍的后面，而是一直站在柜台前，手里没有任何东西。FBI 特工之所以注意到该男子，是因为在习惯性地观察超市周围环境时，FBI 特工发现在那个位置本不该站着人。而就在 FBI 特工想要看清楚此人的时候，却发现他的眼睛死死地盯在收银机上，在一个瞬间，该男子的鼻子迅速膨胀起来，说时迟那时快，FBI 特工疾呼一声：“小心！”一个箭步冲上去，把男子按倒在地，从而制止了一起即将发生的抢劫案。

第六，将行为动作加以分类。在研究人类的肢体语言时，可以把肢体动作分成不同的类别。比如，我们前面说的“基线行为”和“变化行为”，正常情况下的舒适反应，可以称之为“舒适行为”，受压情况下的异常反应可以称之为“不适行为”。明确了舒适与不适之间的区别，能够帮助我们更加迅速准确地找到行为变化的侧重点。

第七，发现并区分虚假的、具有误导性的身体语言。比如，一个对你说了谎话的人，发誓说他并没有骗你，还用眼睛定定地看着你。这时候你要知道，这只不过是他在掩饰谎言而已，要相信你眼睛所观察到的一切。

第三节　隐秘表情背后的秘密

一天，FBI接到一个报警电话，电话中的男子说自己已经怀孕9个月的妻子失踪了。FBI特工很快赶到男子的家中，并立即展开了搜索，但案情一点进展都没有。男子表示对FBI特工很失望，还说了一些不好听的话，他甚至认为，如果妻子已经遭毒手，那么FBI逃不了干系。愤怒之余，他要求FBI停止干预，他愿意自己找人寻找妻子的下落。

这名男子的行动非常迅速，很快就纠集了一群志愿者，两天之后，他们便在附近的一座大桥下找到了他妻子的尸体。本来事情应该到此结束，但FBI特工得知，该名男子曾经进过戒毒所，虽然后来勉强戒掉，可有邻居反映，他最近一段时间经常犯毒瘾，家中偶尔还传出他打骂妻子的声音。

FBI特工又把该男子募集志愿者当天的录像调出来看，发现他在讲到妻子已经怀有身孕时，面部表情里掩藏着厌烦和愤怒。于是，当天下午该男子就被FBI特工请去，在谈话的过程中，FBI特工故意问及很多有关他与妻子生活细节方面的问题，不出FBI特工所料，男子不仅没有悲伤的情绪，反而流露出厌恶和烦躁的表情。据此，FBI特工步步逼问，男子最终承认是自己在吸毒时失手令妻子流产，因为害怕妻子报复，才生出了杀人的念头。

人的面部表情在多数情况下是很难进行自我控制的。因此，没有谁能够十分完美地控制住真实表情的流露。人的面部总共由43块肌肉组成，因为个人体验不同，才会出现积极表情与消极表情。表情是人类内心的晴雨表，快乐的时候，哪怕一个简单的嘴角动作都可以看出来；悲伤的时候，一对眉毛就能透露出内心的信息。

我们通常认为，表情是可以伪装的，是可以人为控制的。不错，的确如此，表情有时具有很大的迷惑性。所谓“笑里藏刀”，说的正是“知人知面不知心”的道理。当然，生活中也有很多人不管看见、听见什么，内心作何感想，表面都会不露声色，面无表情。但是面无表情并不代表内心没有情绪。这样的人一般都是在压制自己的感情。但随着心情的变化，面部肌肉也会随之发生变化，并且会不自然，如转移视线，眨眼，鼻子微皱等。没有表情的脸在特定情境下也表示冷漠和忽视。

我们在观察一个人的面部表情时，要注意对细节的辨认。比如，悲伤和恐惧表现在眉头上就有很明显的差异，喜悦和厌恶在嘴巴部位的表情就有很大的差别。另外，还需要注意一些无意识的小细节。现实生活中很多人都比较擅长隐藏自己的真情实感，旁人如果不细心观察，是看不出任何异常的。

FBI特工弗雷罗拉根据自己在FBI多年的工作经验，总结得出结论，只有及时准确地抓住人的面部特征，才能找到答案。也就是说，我们要善于观察，抓住瞬间的信号，充分利用那些无意识间做出的“转瞬即逝”的表情来洞察对方的心理。

比如，一个人说着“我很开心呢”，脸上笑容灿烂，但随即而来的表情很可能就是失落和伤感，因为心中确实不快，却偏要费尽心机掩饰，当自认为成功敷衍了大家之后，真实表情就会在脸上迅速闪过。细心观察的人不会放过这条宝贵的线索，因为这才是对方真正的心声。

识破谎言的关键在于对其面部及手部动作的观察，尤其是要留心眼角和嘴部的动作。比如，一个人在撒谎成功时，嘴角会微微上扬，露出得意的神情。再如，你问对方问题，他心里明明已经知道答案，但依旧对你说“我也不清楚”或“我怎么知道”。此时，你要细细观察一下他的眉毛，眉毛在瞬间上扬，多半表示他在撒谎。也有人因为想唤起自己的记忆来回答问题，就会把目光暂时移开，但假如是撒谎，因为早有准备，不需要唤起记忆来回想，那么，目光则不会轻易移开。

面部表情和情绪有着不可分割的关联。破案神探研究发现，人类的面部表情极其复杂，几乎每一种表情下面都隐藏着一种情绪。可很多时候，面部表情都是为了达到某种目的假装出来的。不过，破案神探认为，要想通过面部表情读懂对方的内心，揪出被表情掩盖的真相，还需要清楚地了解面部表情以及每一种表情下面的心理情绪的秘密。

但在这之前，我们有必要先了解情绪和面部表情的关系。如果我们将情绪狭义地理解为个体内心的一种体验，那么，面部表情就是这种内心体验的外在反映了。所以，当真的有情绪产生的时候，正常情况下都会第一时间呈现于面部并且不受理智控制。但人们在日常生活中，多半不愿意将自己的内心轻易展示给他人，多数人会很快地把第一时间作出的反应清除，使大多数的人完全无法看清，取而代之的便是一种“面具”。因此，我们可以说有情绪就有表情，却不能说面部表情就一定代表真实的情绪。也就是说，我们不能凭借单纯的面部表情，轻易对一个人的内心下结论。

心理学实验证明，要想最大限度地通过观察面部表情来洞悉一个人的内心状态，需要一个有效刺激。当遭遇刺激时，只要人是清醒着的，大脑就会持续接收到各种各样的信息，以便作出有效的应对。比如，男生和自己心仪的女孩恋爱已经大半年的时间了，忽然某一日，女孩毫无征兆地向他提出了分手，原本一直沉浸在甜蜜幸福中的男孩无疑遭受了一个不小的打击，心在瞬间沉入谷底，先是惊讶，不敢相信女生说的话，经过反复确认无误后，最终接受了现实，然后便是史无前例地失落、悲伤，也许知道事情已成定局，再也没有挽回的余地。这一系列心理过程如果不刻意加以掩饰，外人都会在他的脸上看出来。

我们大多数的人都可以快速识别那些普通、常见的面部表情，进而判断对方的心理状态。3 岁及 3 岁以下的儿童不能完全识别所有基本的面部表情，而心智正常的少年以及成人就可以很顺利地判断生活中的常见表情。但事实上，面部表情很复杂，同一种表情会同时掺杂多种情绪在里面，让人很难区分对方究竟是什么样的心境；

也有一些堪称自控力超强的高手，会把他们内心的情绪反向演绎在脸上，或者是干脆“四不像”，给人极大的迷惑。

可见，谎言可以通过面部表情予以揭穿，但前提是，我们要具备最基本的辨识面部表情的能力。破案神探认为，在情绪作用下的面部表情基本上都是真实的，而一旦受到理智的控制，那么这样的面部表情就真假难辨了。

第四节　打开眼睛这扇窗

眼睛是通向这个世界的一扇窗。破案神探正是通过观察眼睛来获取有效信息的。

眼睛会说话

爱默生是美国著名的大文人，他说过："人的眼睛和舌头所说的话一样多，不需要字典，就能从眼睛的语言中了解整个世界。"中国历史上有个小故事就可以说明这一点。

三国时，曹操派遣一名刺客前去刺杀刘备，这名刺客在见到刘备时并没有及时下手，而是开始和刘备攀谈起来，谈论怎样削弱魏国的问题，刺客的分析深得刘备赞赏。此时，诸葛亮走进来，发现陌生人，不禁多看了几眼。刺客因为心虚，便借故要上厕所，逃走了。

刺客走后，刘备感慨，刚刚那位"义士"可以帮助自己打败曹操，但诸葛亮却不以为然。他说，这个人一见我就神色慌张，多看了他几眼，他便开始畏首畏尾，视线低垂，流露出忤逆之意，眼神已经折射出他就是个奸邪之人。如果没猜错的话，他一定是个刺客。刘备如梦初醒，赶紧派人去追，但那刺客早就逃之夭夭了。

诸葛亮之所以能够识穿刺客的真面目，关键在于对其眼睛的观察。眼睛与面部其他器官是不一样的，眼睛周围的肌肉尤其发达和精巧，不但能够保护眼睛免受外界伤害，还可以比较直观地反映出一个人的内心活动。

透过视线读懂心思

都说男人是视觉动物，实际上，不单单是男人，美好的事物谁都愿意欣赏。而我们所谓的关注和感兴趣，绝大多数都要通过眼睛反映出来，如你听见某段优美的音乐从远处传来，便会不由自主地四处观望，试图寻找到声音的来源；你发现在视野范围内有一辆很精致、气派的丘比特，就会不禁盯着看一会儿。但假如你对眼前的人或事不感兴趣，则很少会将视线投射过去，或者根本就不会再看第二眼。破案神探认为，一个人如果在心中生出什么欲望或想法，通常会第一时间在视线上流露出来。

如果内心缺乏自信、心虚，就不会很自然地迎接他人投过来的目光。因此，一接触到别人的目光就移开视线，并且垂下眼皮的人，是因为心虚或紧张，转移视线给当事人的心理安慰是：减少了被关注程度。可实际上，不恰当的视线转移往往是不自信，乃至撒谎的表现。

破案神探发现，一般人在与人对话时，出于礼貌，都应该注视着对方的眼睛，进行适当的视线交流，因为视线的交流是沟通的前奏。也有一部分人能够熟练地驾驭这种技巧，他们在面对不止一个倾听者时，往往在交谈中适当地转移视线，转移之后再重新投射，这样产生的积极效果是让听者感觉到自己被重视，表示说话者很注重现场的气氛，也懂得照顾到在场的每一个人的情绪。

如果两个人初次见面，首先移开视线的人，是想控制话语的主动权，并希望在谈话中处于主导地位；如果是初次见面的异性，视线接触后很快移开，表示的是对对方很有兴趣。异性之间，这样的视线交流往往还有另外一层含义。如果是男性，他在面对自己比较心仪的异性时，常常会基于强烈的压抑而对自己施加自制指令。当想要看清对方外貌的欲望越来越强烈时，他会用眼睛偷偷地“瞄”对方一眼，想利用这“余光”来观察对方有没有在看自己，也是想知道对方对自己有没有兴趣。这种想看又不愿意让对方知道的心理，在年龄相仿的异性之间常常有种极其微妙的感觉。

如果对异性瞄上一眼之后，又将视线移开或闭上双眼，传达的就是一种“我喜欢你，对你颇有兴趣”的身体语言信息，这也是对对方的一种尊重与信赖。据此，也可以认为，迅速将视线移开的一方必定对另一方产生了兴趣，如果是女性首先转移视线，只要男性主动，那么两人交往的可能性就很大。心理学认为，男人对一个女人一见钟情需要的时间不超过 10 秒钟。初次见面的时候，和她对视的时间越长，就代表越有好感。如果只有 4 秒钟，说明他很可能对她一点兴趣都没有；但如果超过了 8.2 秒，那他很可能已经爱上了对方。

职场中，我们也会见到这样一种情况，当上司与下属交流的时候，往往都是上司由上而下向下属投去目光；而下属的视线则刚好由下而上。这其中的原因可以说是，因为这样的视线交流，使上司的威严在很大程度上得到了发挥。

我们在日常生活中，如果认真观察说话人的眼睛或视线，也许就会发现一些很有趣的现象，了解到他们各不相同的性格类型。一般而言，习惯性视线向下的人胆小怯懦，或者自卑感很强，当你看向他的时候，他会把自己的视线向下移动，看着地面或自己的脚尖；与此相对的是视线向上，这样的人多半是自信的，他们在地位、能力等方面或许都有自认为他人不及之处，他们性格外向，善于交际，并且，他们多半身份特殊，如政治家、领导人等；如果一个人将视线左右移动，就表示拒绝之意，也有不怀好意的嫌疑；假如视线飘忽不定，表示内心不安，也许在想事情，情绪低落的人就常常出现这样的眼神；习惯直视对方眼睛的人，往往有很强的戒备心理，带有敌意，但如果是含情脉脉的对视便另当别论了；通常情况下，长久地直视着别人的眼睛，也是一种不太礼貌的行为。

观察瞳孔大小可知内心变化

人们瞳孔的大小变化是不受理智控制的。眼珠最外侧的一圈圆形环状的东西，称为虹膜，而虹膜中间的圆心就是瞳孔。需要注意的是，虹膜是由众多平滑肌构成的，不受人的主观意志控制，可以真实地反映一个人的心理状态。瞳孔最容易受到光线的刺激，在平滑肌的控制下，光线强时，虹膜中的瞳孔括约肌就会自动收缩，使瞳孔变小；光线弱时，瞳孔就会变大。

实际上，眼睛周围的肌肉能够敏锐地判别来自外界的袭击，并做出很灵活的反射性动作，从而及时对眼睛采取保护措施。当人们面对自己喜欢的事物时，愉悦的情绪刺激大脑神经向眼部肌肉发出指令，使瞳孔放大。相反，在面对不喜欢的事物，或者是感觉到疲倦、厌烦、懊恼时，瞳孔就会缩小，以便聚焦对面的情况，更好地保护自己。

情绪的刺激就如同外界的光线，能够对瞳孔起到类似的作用。因此，当人们面对突如其来的恐吓、饥肠辘辘的流浪汉面对一块面包、见到自己心仪已久的异性、生日时收到期待已久的漂亮礼物……无一例外，他们的眼睛都会在瞬间睁大，瞳孔也好像要凸出来了一般。但在面对一个自己不喜欢的人或事时，瞳孔便会下意识地缩小。另外，在看不清楚的时候，瞳孔也会变小，此时很多人都会做眯眼状。

试想那些热恋中的男女相见时，他们的眼睛都会睁得很大，那是见到对方时内心抑制不住的兴奋和喜悦之情的体现。瞳孔的扩张表达的是一种满足感、幸福感，当两个恋爱中的人面对面的时候，他们是从心底感到快乐与幸福的。通过眼睛向对方传递爱的信号，在眉眼之间都会有某种兴奋情绪。这就是为什么有时候朋友们会开玩笑说：“你看你一见到她，就开始两眼放光！”

破案神探丰富的工作经验告诉我们，无语言的瞳孔对视一般不会持续很长时间。如果是陌生人的话，通常都会有一方首先转移瞳孔注视的方向，这是为了避免进一步交流，否则就会有点奇怪了。如果一个人不是近视眼，那就可以通过观察他的瞳孔变化来作一些判断。比如，在看见你时他的瞳孔是下意识地缩小还是放大，在排除外界其他客观条件干扰的情况下，若缩小表示他不是很喜欢你的出现，若放大则表示欢迎和对你的喜欢。假如他一面说着“非常欢迎你的到来”，一面瞳孔缩小，那就表示这种欢迎并非真诚的。

眼球的秘密

一个人不可能长时间盯着同一个方向，正常的眼球转动是无可置疑的，但在说话时的眼球转动就很有研究的价值。实验发现，眼球的转动与视线的变换密切相关，眼球转向的每一个方向都代表一种意义。

首先来看看眼球向上运动表示什么。破案神探告诉我们，一个人眼球向上运动代表以下几种心理特征：（1）把自我放在一个较高的位置上，表示不屑一顾，有轻蔑的意味；（2）置身事外，表明此事与自己无关，往往是开脱责任，假装被冤枉；（3）事先没有预想到该种情况的发生，并开始在大脑中进行设想。因此，当一个人视线向上，即眼球向上翻动的时候，其大脑里呈现的往往是对未来的联想，爱幻想的人就经常一手托着下巴，一边上翻眼球，这是一种对未知内容的想象。

和向上运动相对的是向下运动。研究表明，眼球向下转动表示的是一种承受心态，通常属于比较负面的心理状态，如愧疚、自责、怨怒、心虚、忧伤等，与向上转动的眼球表达的逃离意愿不同的是，向下的潜台词是“我不想逃避，能撑到什么时候就什么时候好了”，试图蒙混过关或等待被彻底揭穿。如果是生性害羞的女孩子，也会习惯性地将眼球向下转动，这是因为担心对方给出的是负面反馈信息，而不是自身期待的正面反馈信息。

眼球除上下运动外，还经常左右运动。这其中暗含的信息对于判断他人的心思也颇有价值。不过眼球的左右转动可能是有意而为之，也可能是因为个人习惯，因此与是否说谎没有十分必然的联系。但这在一定程度上打断了正在进行的正面交流，可能是为了给更好的交流作准备，也可能是因情绪引起的，如不高兴、不感兴趣、讨厌等。

研究显示，眼球向左上方运动代表的是回忆，如同在某本相册中寻找相关图片。眼球习惯向左上方转动的人，喜欢追忆往事，缅怀昨天。他们总是会记得昨天自己做过哪些有意义的事情，遇见过什么人，碰到过什么事，吃过哪些味道不错的菜肴，欣赏过哪些美丽的风景，如“昨天在火车上坐在我对面的女孩，要是我主动一点，说不定现在就有她的联系方式了……”“那个时候我们都不懂事，喜欢争吵又不懂得退让……”等。说这些话时，当事人沉浸在回忆之中，眼球会下意识地向左上方转动。这样的人对过去事情的感知尤其深刻。与这样的人交往需要耐心，他们属于慢热型，常常在事后才会醒悟，发现自己的缺点，并进行改正。眼球向右上方转动代表的则是创新，同属于向上运动，也会在大脑中绘制新的画面。

眼球处于右下方，代表的是内心的感受、身体的触觉和情感的触动等。当一个人的眼球处于右下方的时候，多半是在进行自我感受，或许是在独自郁闷，或许是在品尝人生的滋味。习惯将眼球向右下方转动的人，心思细腻，疑心较重，考虑事情一般比较全面，很注重内心的感受、身体的感知等。在与这类人相处时要特别小心，最好不要与其有金钱上的瓜葛，以避免不必要的麻烦。

眼球处于左下方，表示的是听觉。一个人如果塞上了耳机，完全陶醉在美妙的旋律中，代表对自我的关注，这时候眼球通常处于左下方（当然这也要因人而异）。在说话时，如果你看见对方已经将眼球转到了左下方，那就表明他对目前的谈话已经不怎么感兴趣了，而目前他所关注的更多的是自己，或许他正想着要怎么结束这场谈话呢！习惯将眼球向左下方转动的人，是非常有想象力和思考能力的一类人，他们会把自己的生活和工作安排得有条不紊，喜欢自由自在的生活方式，注重自身心理调节。在与这样的人交流时，不能对他们施加太大的压力，并且要尊重他们的私人空间，彼此坦诚相待，才能有更加深入的人际关系。

据此，我们需要注意的是，在一场对话中，一个在认真听着你说话的人，眼睛通常不会向上翻，更不会轻易乱动，除非有外在客观因素的影响，或者是为了下一步更好地交流。眼球移动的每一个方位都代表着一种意义。如果面对的是一个懂得观察眼球的谈话对象，你眼球的转动将会向他泄露你内心的秘密，告诉他你在想些什么，即使你嘴上什么都没有说。

在工作的过程中，细心察看对方眼球转动的方向，并据此判断对方的内心想法，常常是破案神探们偏爱的战术之一。

一位FBI特工曾经在一家银行前注意到一名男子，与其他路人不同的是，该男子久久徘徊在街道的路口，一会儿看看来往的车辆和行人，一会儿又转身瞧瞧身后，这种左顾右盼的神色立即引起了FBI特工的注意。

刚好在这个时候，一辆银行运钞车缓缓驶来，该男子目不转睛地盯着它。FBI特工立即躲在电话亭背后观察男子下一步的行动，只见他从腰间掏出一副手套，手套很鼓，FBI特工心想事情不妙，于是一个箭步冲上去，在男子还没掏出手枪前，将其按倒在地。被逮捕后，男子起初坚决否认，在审讯的过程中也称自己是冤枉的，至于手枪，他拒绝解释。

FBI特工盯着他的眼睛发问，直到他如坐针毡，眼神恍惚。负责审讯的特工注意到，该嫌疑犯在回答问题时，习惯性地看向右上方，但他嘴巴里所回答的问题却是过去时。FBI特工确定他一定在撒谎。最后，嫌疑犯终于承认了罪行，并供出了其他几名犯罪同伙。

类似的情况并不少见。

几年前，一名CIA间谍被派往利比亚，调查一个叫作安德鲁的中年男子。为了更好地接近安德鲁，CIA间谍选择了和安德鲁做邻居，并很快和安德鲁熟络起来。一次，他们在酒吧里喝了酒，安德鲁带着醉意表示很满意现在的工作。当 CIA 间谍假装随口问："噢，那你现在从事什么工作"时，安德鲁沉默了半分钟，然后说："报社记者。"说话时，他的眼睛并没有看着对方，而是向右上方瞟了一眼，但不到两秒钟的时间，他忽然把目光转向 CIA 间谍，似乎在等着回应。

实际上，这是撒谎高手惯用的把戏——因为撒了谎而刻意注视对方，一是想表示自己说的是真的，二是想看看对方听后的反应。但 CIA 间谍早就看穿了安德鲁的把戏——隐瞒职业，这就表明安德鲁的真实身份确实可疑。当然，在这次任务中，CIA 间谍不止一次与安德鲁"交锋"，并最终查出了安德鲁的真正身份——利比亚恐怖分子。

眨眼的秘密

一个人心底有什么秘密，在特定情况下又有什么想法，都可以通过对其眼睛的观察得到答案。如果在交谈的过程中，一个人的目光不时地向远处移动，表示其对谈话内容不关心；如果是上下左右无休止地转动，是不沉着的表现，也很有可能是在撒谎。喜欢斜着眼睛看人的人，在特定情况下是对对方产生了兴趣，因担心被发现而不敢正视对方。

其实，一个人总是眨眼与其内心的紧张有关。波士顿大学的心理学研究专家约瑟夫·泰切曾经做过一项研究。他观察到克林顿在

1996年10月17日的一次辩论赛上，平均每分钟眨眼的次数是48次，他的对手戈尔平均每分钟眨眼的次数是105次。这就是为什么克林顿看起来更加自信的主要原因，给公众的印象也就更好。相比之下，戈尔因眨眼较多显得局促不安，给人感觉并不可靠，因此最终赢得胜利的是克林顿。

另外，约瑟夫·泰切还对1960年、1980年、1984年、1988年以及1992年参加总统选举辩论的候选人进行了研究，主要研究他们在辩论时的眨眼次数。结果发现，平均每分钟眨眼次数直接影响着辩论的结果——那些眨眼次数较多的人总是失利。约瑟夫·泰切分析，这主要是因为人在感到压力时，内心的情绪发生转变，直至难以承受，眨眼实际上是一种下意识的情绪缓解行为，正常人眨眼是平均每分钟30~50次，眨得次数太多就会显得紧张不安，给人一种不自信的感觉。

FBI曾经调查过一起旅馆起火案件，在大火中丧生的总共有97人。FBI特工赶到现场后，当即把一名保安人员当作了重点怀疑对象，主要是因为案发现场就在他的管辖范围之内。审讯的时候，FBI特工问了一些关于细节的问题，如起火前后他在做什么，在哪里，是否参与了纵火等。FBI特工很仔细地观察他在回答问题时的面部表情，当被问到“当时你在哪里”时，保安的眼睛眨动了一下，而在回答其他问题时均没有出现眨眼动作。

由此，FBI特工推测，嫌疑犯在回答“在哪里”这个问题时有所保留，提供的不在场证据也比较可疑，但仍不能断定他参与了纵火。于是，FBI 特工专门就他提供的不在场证据对其进行盘问，并告诫他必须交代事实，否则他将被判有罪。最终，嫌疑犯不得不说出实情，原来他在执勤期间，因为和女友闹矛盾，就直奔女友公寓与其见面了。正是因为他的擅自离岗，才导致纵火犯钻进旅馆，实施了纵火行为，酿成惨剧。

在上面这个案例中，FBI 特工就是根据嫌疑犯的眨眼动作，揪出问题的关键点，然后紧追不放，最终成功抓获了真正的纵火犯。

在日常生活中，一个小小的眨眼动作或许很多人都不会在意，可实际上，这其中暗含着不为人知的心理秘密。

眨眼其实是一种“视觉阻断”行为，通常出现在我们感觉到威胁存在之时，当事人想要通过“眨眼”来暂时阻止威胁进入视线，或表示轻视时，就会眯眼或眨眼。眨眼的时间间隔有长有短，如果每次闭上眼睛的时间远远超出正常情况的 1/10 秒，表明当事人试图通过眨眼来阻断眼前的人或事进入自己的视线，表达的是厌烦或不屑。如果在谈话时，对方做出这样的眨眼动作，就表示他对当前的话题感到厌烦，心中极力想尽早结束这场对话，却磨不开面子直接说出来，由此才用这种闭上眼睛 2～3 秒或更长时间的动作来迫使你自动终止对话。

不过，一些有意延长眨眼时间的人还有一种心态，那就是显示自己高人一等，有时候他们还会做出脑袋后仰的动作。一般而言，这类人比较清高，自命不凡，藐视众人，不管在什么场合，仿佛自己才是真正的主角，尤其是当其发现自己并未受到重视时，这样的动作往往会更加明显。面对这类人，也可以适当作出“回敬”。比如，当他再次延长了眨眼的时间，那就在其闭眼的时候变换自己的位置，让他在睁开眼睛时不能第一时间发现你，给他来一个措手不及，也提醒他你对此已经感到了不满，如果再不行，就转换话题，或者结束谈话。

假如眨眼的动作出现在异性之间，代表的心理就很微妙了。很多自我感觉良好的男性，很善于使用眨眼的动作来向异性展示自身的魅力。这类男性往往比较自信，不管自身形象是否达到了帅哥级别，都深信自己的一举一动会引起异性的关注。因此，即便是一个小小的眨眼动作，也带有一种很强的感染力，看起来并没有矫揉造作之感，异性缘自然也不会太差。

喜欢眨眼的人往往性格开朗，自信大方，善于交际，喜欢被关注并成为一群人的焦点，有表演和模仿的天赋。不过，这类人最大的缺点就是过分在意外表的魅力，而忽视了内在的修养，往往表现得轻浮。

观眼识人其实是有根据的

FBI 特工乔·纳瓦罗认为，说话时经常眨眼睛的人心胸狭隘。因为一个人内心如何，眼睛是不能帮其作掩饰的，心中如果有不正之念，眼神就晦暗不明，闪现邪光；反之，一个正直、心胸坦荡的人，眼神多半透亮清澈。还有一些破案神探认为，观察一个人的眼神可以获得很多有价值的信息，帮助我们了解他的想法，并且还能更进一步地认识这个人本身具有的品性。

一般而言，目光炯炯有神，多是有胆识且正直之人；如果眼神闪闪发光，那他一定是个精力旺盛的人，至少他在此次谈话中对你很有兴趣；眼神混浊，甚至呆滞，表明这是一个昏沉、糊涂之人，没什么斗志，或许还会带有愚笨、庸俗、猥琐之嫌；眼神如果飘忽不定，代表当事人处于拿不定主意的状态，也有三心二意之嫌；目光时明时暗，代表当事人是一个工于心计之人，或者是在某段对话中产生了厌烦的情绪；不敢正视对方的眼睛代表不自信，有所保留，不能坦诚相待。

我们知道，眼睛是面部五官中一个极其重要的部位，人最初来到这个世界上时，都带着一双天真无邪的眼睛，充满童真和稚气，但随着年龄的增长，人越来越成熟，眼睛（尤其是眼神）就千差万别了。破案神探认为，通过观察眼睛，可以更好地了解一个人。德国心理学家梅赛因也说过："眼睛是了解一个人的最好的工具。"

喜欢平视他人的人，通常待人和气，心性诚实，处事公正，光明磊落，这类人很有责任感，家庭观念也很强，因为心怀慈悲，所以热衷于公益事业。

说话时不敢正视对方眼睛的人，表面上很可能给人害羞的感觉，但实际上疑心很重，往往喜欢暗中算计，奸诈狡猾，举止轻浮，缺乏修养，持有偏见，事业不易成功，甚至会受到周围人的鄙视，导致众叛亲离。

眼睛喜欢半开半闭的人，往往有心机，社交经验丰富，看重个人私欲，为求得个人利益，很可能不择手段，心胸不够宽广，容易感到空虚。

习惯性偷窥别人的人，往往心术不正，有很强的虚荣心，唯利是图，本身并无特长，却总想着一鸣惊人，属于典型的空想家。因为得不到他人的认可，所以善使机关，工于心计。

说话时习惯凝视他人，这种凝视本身就是一种意志力坚定的表现，不需要过多的言语和动作，却显得异常气势逼人。这类人在特定的情况下往往很强势，试图用目光与人接触，而使对方感到被攻击的恐慌。不过，大多数情况下，他们是为了看穿对方的内心，并没有恶意攻击之意。

还有一类人喜欢在对话时与人有目光的接触，这是希望彼此敞开心扉深入了解对方的做法。这类人很自信，直率坦诚，懂得为他人着想，并尽力满足大家的要求，交际能力强，很适合做那种需要面对面交流的工作。他们期望得到别人的认可，但往往因过于活跃、善于表现而常使人不舒服。不过，他们的内心其实还是敏感和不安的。

眼睛看起来无神，好像就要昏昏睡去的人，经常陷入自我矛盾中，优柔寡断，情绪不稳定，意志极易动摇，不能把握机会，因此也就不能在事业上取得很大的成就。

眼睛看起来很有神并且十分锐利的人，有良好的反应能力，非常聪明，但生来好大喜功，说话不懂得谦逊，性情急躁，常常会不顾及别人的想法和感受，缺乏修养，为人现实，也很善于掩饰自身的缺点。

眼睛看起来会笑的人，不仅聪明，还很有才华，圆滑善交际，生来就有很不错的异性缘，阅历丰富，观察能力强。表面上看起来，这类人很有亲和力，但也不排除其中有心术不正者。因此，只有和这类人长期交往，才能真正了解其为人。

也有些人的眼睛清澈、安谧而有神，这类人心气平和，心胸坦荡，和蔼仁爱，凡事提倡以和为贵，很有责任心，内在涵养深厚，被公认为是可推心置腹之人。

可见，不管是以上哪种观察眼睛的方法，都在无形中传递着某种信息，透露着一个人内心的秘密。眼睛是一扇窗户，打开了这扇窗，即便当事人表面上掩饰得足够好，但总有那么一瞬间是真情实感的流露。不仅如此，还可以通过一个人的眼睛看出他是否善良，是否诚实，是否喜欢或接纳眼前的人或事，等等。

第五节　嘴角泄露心机

生理学研究发现，脸部肌肉会随着表情而变化，尤其是眼睛和嘴部四周的肌肉最为明显。

嘴部动作的心理玄机

嘴角的弧度影响着嘴部的很多动作，不同的动作反映着不同的心理变化。我们最常见的嘴部动作有张嘴、闭嘴、抿嘴、咧嘴。上扬的嘴角代表喜悦和快乐，下垂的嘴角代表委屈或痛苦，紧闭嘴唇有可能是生气，嘴巴张大有可能是惊讶，等等。如果一个人嘴唇紧紧皱在一起，下巴高抬，便是遇到了某种极为难堪的事情，并有了十分窘迫的情绪；如果一个人上嘴唇向上扬起，同时鼻子也紧紧皱起来，那一定是感到了厌恶；一个人双唇紧闭的时候，眉头紧蹙是生气的表现；如果一个人咬嘴唇，一般是焦虑情绪的表现。

（一）将嘴抿成“一”字形

在压力的作用下，人们的嘴巴会从原本的丰满圆润变得渐渐扁平，最终收起嘴巴或拉紧嘴唇，形成“一”字形状。喜欢做这种动作的人多半是实干家。如果从心理学的角度来分析，紧紧抿着嘴唇是自我抑制的表现。即使大脑发出指令，不允许将当事人的焦虑情绪充分暴露，要“紧闭嘴巴”，但实际上还是有很多小秘密暴露无遗。这类人性格坚强，能够出色地完成上级交代的任务，内心强大，不会被外在诱惑动摇。如果在谈话中，发现对方渐渐将自己的嘴巴抿成了一条线，那就表明他已经做好了接受变化的准备，并且开始着力改变现状。破案神探在破案的过程中如果遇见这类人，往往是最感到头疼的。

（二）咬嘴唇

有些人喜欢咬嘴唇，这是一种释放压力的动作，如果心中有愤怒和怨恨却又无处发泄，很多人都会做出咬嘴唇的动作。破案神探认为，这是由于发自内心的不满或紧张。这个动作最初出现在婴儿时期的吮吸动作，类似的咬指甲、咬笔杆或咀嚼口香糖等动作，在心理学上均属于紧张不适状态下当事人下意识做出的自我安慰行为。如果这个动作出现在女性身上，那么，在特定的情景下，表示的是认真聆听并陷入了思考。

（三）噘嘴

噘嘴的动作往往出现在女性身上，表示撒娇。不过，在特殊情况下，还要结合当事人同时做出的其他肢体动作进行全面分析。噘嘴还可以表示内心的不满和愤懑。当一个人的上下两片嘴唇一起向前噘起的时候，表示分歧已经出现了，当事人希望把令自己不满的意见“拒之门外”。

（四）撇嘴

如果一个人感到委屈或不开心，就会不知不觉地做出下唇前倾、嘴角下拉的动作。嘴角上扬表示喜悦，而撇嘴则刚好相反，传达的是一种负面信息。这种嘴形在很多消极情绪中都会存在，如悲伤、愤怒、不屑或绝望等。习惯性撇嘴的人在性格上往往是固执、死板、难以被说服的。例如，克林顿在与莱温斯基传出丑闻后的公开讲话中以及小布什被指责有关伊拉克的情报失误时，他们的嘴角都出现了这个动作。

关于撒谎的嘴部小动作

（一）捂嘴

嘴巴的小动作有很多，其中捂住嘴巴是最为常见的谎言标志。通过捂住嘴巴，企图来掩饰正在或即将要说出口的谎言，是因为有某种不自在的情绪弥漫在嘴角，这时候，下意识地将手放在嘴边、遮住嘴唇，就会缓解不自在与不安的情绪。做出这种动作的人，其实已经在不经意间向旁人传达了“另有隐情”的信号，即使他自己并没有注意到。也有人习惯将手握成拳状，抵在嘴角的一侧，还会假装咳嗽几声。这样就更有说谎的嫌疑了，这种动作在电影、电视剧中是最为常见的。

（二）舔嘴唇

当压力过大时，当事人通常会感到口干舌燥，此时舌头就会下意识地伸出来舔舔自己干燥的嘴唇，这属于缓解紧张情绪的安慰行为，类似的还有吞咽唾沫。因为在高度不安和紧张情绪的作用下，人们往往需要消耗更多的体能，此时神经密布区域的血液循环就会加快，温度也随之提升，进而促使皮肤表面变得干燥。嘴唇属于神经密布区域，因此，舔嘴唇、抿嘴唇、用牙齿轻咬嘴唇等动作，均可以及时缓解唇部表面的干裂状况。

在实际的人际交往中，舔嘴唇的动作如果过于频繁，就会显得不自信。唾沫本身并不是很好的湿润剂，舔过一次后，很快就又会变得干燥起来，如此反复反而会适得其反。

（三）屏住呼吸、撇嘴

说话的过程中，说着说着就屏住了呼吸，也是撒谎的表现。另外，当一个人的嘴角下拉，做出撇嘴的动作，那么接下来他要说的话就是不可靠的。因为撇嘴的潜台词是："不说，说出事情真相会有麻烦的"，或者是"不该说""不能说"等。随之而来的也许就会是他为了避开不愿说出来的真话而编造的谎话。

第六节　根据笑容看穿其底细

日常生活中，我们最常见的表情就是笑容了，这不仅是因为笑容本身就具有无法阻挡的魅力，还因为它是一个人内心情感的显示器，展现着一个人丰富的内心世界。破案神探往往会通过笑容来判断嫌疑犯的心理，或者利用笑容拉近与对方的距离，使罪犯放松警惕。

笑容的磁场

笑容是建立良好人际关系的关键，一个懂得微笑的人总能比一个整天板着脸的人赢得更好的人缘。虽然人人都是哭着来到这个世界上的，但在后来的社会生活中，人们耳濡目染地学会了笑，懂得了笑容背后的情感，学会了用笑容来表现抑或掩饰最真实的内心。小时候的我们会用哭泣来引起大人们的注意，但是长大以后，就渐渐学会了用微笑来吸引和留住身边的人，用微笑告诉身边的人，我不会伤害你，并且期待被接受。

之所以说微笑有很强的感染力，是因为当你向某人微笑时，对方普遍都会以微笑来回应你。研究发现，在我们的大脑皮层中有一种“反射性神经元”，它可以促使大脑识别面部的表情与动作，并且还能够向面部肌肉发出指令，从而做出与我们所见到的表情相似的面部动作。因此，笑容就像是一个磁场，能够引起更多人的好感和兴趣。

可实际上，微笑是一种很复杂的面部表情。1806年，解剖学家贝尔指出，一个微笑可以传达的信息量可达1000种。它既可以是发自内心的真诚笑容，也可以是虚伪的不屑一顾。它不但是积极情绪的映射，如幸福、喜悦、满意等，也是消极情绪的象征，如悲伤、愤怒、厌恶等。

可见，要想分清楚笑容的真假，首先要弄清楚的就是真笑时的表情。从脸部肌肉来分析，最能表现出人们的真实情感的是颧骨部位的肌肉和眼轮匝肌（围绕眼睛构成眼皮，负责闭眼，并通过自主地持续收缩，牵动其上皮肤的肌肉）。真笑的时候，颧骨肌肉会促使脸部出现面颊提升、咧嘴龇牙等动作，形成下半部分脸的全部笑容；眼轮匝肌会促使眼部肌肉收缩，于是便会出现大家经常说的“鱼尾纹”，这在多数情况下成了判断真假笑容的一条重要线索。

假如你发现在整个笑容里面仅仅只有嘴唇部位的动作，眼睛周围丝毫没有变化，看上去好似“皮笑肉不笑”，这种笑往往并不是由于情绪所引起的，而只是一种礼节上的需要。如果你对面的人嘴上说着“见到你真的很开心”或者“很荣幸认识你”，但只是嘴角上扬，向你挤出微笑。那么，劝你还是不要相信为好，或许他的心里正在说：“糟糕透顶，我怎么会遇见这个人呢？”你需要做的也是从你的嘴角挤出一丝微笑作为回应，从而避免一些尴尬的局面发生。

真正开心的笑发自内心，是情绪的一种表达。开怀大笑时整个面部会发生很大的变化（即使是微笑，面部也会有明显的变化），尤其是眼睛部位。开怀大笑时，人的眉毛不会出现扭曲，而是会保持松弛的自然的拱形，前额表面的皮肤平滑，没有皱痕；双眼紧闭在一起，眼睑（眼睛最外的部分，起到保护眼球的作用，俗称眼皮）向上凸起并变短，脸部肌肉整体向上提升，上下眼睑相互挤压，这样就出现了“鱼尾纹”；嘴巴部位在这个时候会比较夸张，上唇向上拉伸，大部分的牙齿都可以露出来，下唇充分拉长，表面皮肤平滑，下颚也充分打开，下齿会部分露出；鼻翼两侧会出现一块较深的鼻唇沟；下巴舒展开来，此时自嘴角到下巴会有一道沟纹，与鼻唇沟相连，整体上一气贯通。这是发自内心的快乐情感，是真实情感的抒发。一般习惯“开怀大笑”的人还会发出很爽朗的笑声，并且嘴巴也会呈现出一种特殊的形状。

区分真假笑的过程，实际上也是解读一个人内心的过程。这个过程能够进一步确定对方内心的真实情绪。其中眼睛的闭合程度是一条重要的线索，因为笑从一开始出现就伴随着眯眼睛的动作，强烈的兴奋情绪一经产生，便会触发眼轮匝肌的收缩动作。所以，眼睛的眯合程度与一个人是不是真的开心以及开心的程度，可以说是成正比的。反之，那些不存在眼部参与的笑则是假笑。另外，判断真假笑的依据还有面部表情的对称性、维持时间的长短，也就是说，真的笑容会让整个面部表情比较和谐，维持的时间也较长，并富于变化；而眼睛在真笑的时候往往会更加具有神采。

不同的笑容代表不同的性格和心理

有的人喜欢开怀大笑，嘴巴张大，下巴下垂，甚至表情夸张，具有非常强的感染力。这类人多半心胸宽广，性格开朗大方，脾性直率，活得也轻松。当然也不排除因为不愿暴露自己内心的真实情感而故作开心，如心中愤怒却以开怀大笑作为掩饰，然而在旁人看来，实际上很不自然。

经常保持微笑的人会给人十分友好的感觉，他们会在你说话时静静地聆听，但这并不代表他们是持赞同态度的。常常微笑的人实际上是擅长掩饰内心的人，他们一般不会将自己与你对立起来，即使有不同的想法，如果不到他自认为时机成熟的时候，是不会轻易表达出来的。这类人做事谨慎小心，喜怒不形于色，不露锋芒，即使在复杂的人际关系中，也会游刃有余。

也有一些人在笑时只是微笑，不会发出任何声音，看上去轻描淡写。其实，习惯带着这种微笑的人，比较谨慎与保守，性格偏内向，不善表达，有属于自己的内心世界，却很容易受外界的影响；有追逐理想的执着，却在被外界影响之后容易对自己的理想产生怀疑。对于这样的人，需要用心交流，才能走进他们的世界，并且逐渐获得有价值的信息。他们是感性的，重视情感的交流。

生活中也经常有人在笑时将双唇紧紧地闭合在一起。抿着嘴巴的笑表示的是否定。当这些人对某件事、某个人或某种观点并不看好，进而产生了蔑视的情绪时，为了掩藏自己的心思，便会做出双唇紧闭的动作来。但这很容易让他人感到不舒服，流露出的优越感也会让人倍感不爽。这类人一般倾向于独善其身，在和这类人交谈时要提高警惕，要观察其肢体语言来揣测他的心思，而不仅仅只是面部表情。

另外，抿嘴笑也是很多女性表达拒绝的一种方式。这种笑的最明显特征为：双唇紧闭，嘴角向上拉升，形成一条微微上扬的弧线。当男性发现自己感兴趣的异性对自己抿嘴微笑时，往往误以为是友好的表示。实际上却恰恰相反，它的意思是：我对你并不感兴趣，你随便说吧，反正我并不认同。这是一种出于礼貌而做出的回应。

还有很多人喜欢大笑，并且笑声不连贯，也不自然，似乎另有玄机。这类人往往很难与人真诚相待，看重索取，似乎总想在你的身上占点小便宜，当无法得到满足的时候，还会发出冷冷的笑声，让别人感觉到身体发麻。他们通常没有知心的朋友，人们会避而远之。

如果一个人的笑容一会儿像阳光般灿烂，一会儿又像阴雨天般惨淡，那么，这样的人就比较善于阿谀奉承，属于见风使舵的类型，会常常以不同方式的笑来迎合对方。当觉得有利可图时，就会极力讨好对方；无利可图时就表现出不屑。所以，在和这类人打交道的时候，要善于观察他们的行为举止，根据肢体语言信息来辨别他们的小心思，千万不能被他们的奉承之语所迷惑。

笑起来喜欢用手掩住嘴的人，做事比较严谨，性格温婉和气；

嘴角无力下垂的人，心情忧郁，处事消极，对事物缺乏兴趣，性格内向，不易与人相处；笑起来嘴角松弛下垂的人，一般不会表现出明显的紧张情绪，对事物的辨别、反应速度慢，常常拘于小节，说话喜欢拐弯抹角；嘴角尖尖突起的人，是向对方表明他是有话要说的，但往往是一些不满情绪的表达；而那些喜欢用鼻音来代替笑的人，为人则不真诚，不懂得尊重别人。

当一个人并不开心，却不得已一定要强颜欢笑时，就会出现皮笑肉不笑的表情，也叫假笑；甚至还有人会歪着脸笑，脸部整体呈扭曲状，两边脸的表情出现很明显的不一致，这其实是一种典型的挖苦之笑，带有不屑和嘲讽的意味。

生活中，还有一些人喜欢斜着眼睛微笑，头部稍稍向一侧偏，眼睛随之向上斜视。如果是女性做这样的动作，表示俏皮中带有一丝害羞，能够成功激发男性的保护和怜爱欲望；如果是男性做这样的动作，基本上就是一种挑逗的信号。

第七节 眉毛如何“表情达意”

眉毛向你传达什么信息

眉毛其实和眼睛一样，也能够反映一个人的内心。我们在观察眼睛的同时，也不能放过眉毛。研究发现，眉毛大约共有20种动态，每一种都代表不同的感情。中医学上认为，多气多血的地方毛多。因此，观察眉毛可以看出一个人的气血，还能够看出一个人的性情。一般而言，眉毛粗且浓密的人喜欢操心，相反，眉毛淡的人闲散，气血也不足。对于老年人，如果长出几根长长的眉毛，就被视为长寿的象征，这种眉毛也叫作“寿眉”，显得阳气十足。

曾国藩说过，眉毛应该有其该有的光泽、气、势和神。一般情况下，年轻人的眉毛多是光泽明亮的，老年人的眉毛则多半干枯而缺乏光泽，这就是由气血和生命力的旺盛程度决定的。另外，人在不同情绪的作用下，眉毛的形状也是不一样的。比如，人在焦虑的时候喜欢紧锁双眉；眉间放松舒展，则表示心情变好。眉毛可分为三层，即眉头、眉中、眉尾，层数越多给人的印象往往越好，得到他人的提携也就越多，取得成功的可能性也就越大。也可以说，眉毛越光亮的人运气也就越好。

一个人在遭受负面情绪的威胁时，眉毛会整体下压，该动作表示对负面刺激的严重关注，有不高兴、焦虑、威胁等情绪体验。这种下压是眉头、眉中、眉尾的整体压低，上眼睑因为受到眉毛的压迫而不得不向下闭合，将部分眼球遮住，下眼睑随即呈紧绷状态，根据下压的力度还可以推导出其内心对外在刺激的关注程度。正常情况下，不会持续很久，否则，便是很明显的谎言信号。而从另一个层面上来说，观察眉毛所反映出来的情绪，还可以洞悉其内心，判断其是否在说谎。

眉毛的形态变化很丰富，双眉上扬表示内心的欢喜和极度惊讶；单眉上扬表示不理解和质疑；眉毛快速做上下运动，表示心情愉快，心中有亲切和赞美之感；眉头皱起代表陷入困境，也表示不赞成或拒绝；眉头向上抬起，表示吃惊或恐惧，完全抬高代表不敢相信；倒竖的眉毛表示愤怒；放低表示迷惑不解。

眉头紧皱的人，基本上是想逃离当前的处境；而耸眉是一种在说话时候的小动作，类似于表示强调作用的手势等，一般在讲到重点的时候，耸眉的动作就会出现，喜欢絮絮叨叨的人往往也喜欢做这样的动作。

人们的眉毛会随着心情的变化而变化，因此，根据眉毛的变化就可以识别对方的心情。破案神探们就是根据这条线索快速掌握嫌疑犯的心理变化，进而作出决策的。

一个人在愤怒时，眉头会向中间皱起并下压，眉梢向面孔两侧的斜上方挑起，下眼睑向下遮住部分眼珠，愤怒的情绪越强烈，眉头就皱得越紧，即双眉高高挑起，眼睛睁大，眉头紧皱，就成了愤怒时候的典型眉型。当愤怒到一定程度准备进攻时，面部的各个器官会在内心强烈情绪的作用下扩张，在出现愤怒的典型眉型的同时，头也会稍稍低下，下巴随之收回，眼睛也相应地向上翻看，该姿势多出现在赛事激烈的运动员身上。如果一旦你发现对方的眉梢渐趋平和，眉宇间的皱纹也减少了或消失了，那就表示其内心的愤怒情绪已经在消减。

一个人只有在极度悲伤时，眉毛内侧一端才会被拉得很高，即眉头抬高，眉梢也随之降低。一般情况下，悲伤的情绪越是真实，这个动作就越是明显，甚至夸张，但当悲伤渐渐散去，整个人处在一种失神的状态下，眉头就会散开。破案神探认为，再平静的面孔，只要仔细观察眉毛，就会及时发现悲伤的蔓延，洞察其内心情绪的转变。如果抛开眼睛和嘴巴不谈，单单研究悲伤时候的眉毛，就会发现它也有自己的特定眉型。

研究发现，悲伤至极时的眉毛是呈“8 点 20 分”形状的，也就是说，眉头向上抬高，眉梢压低。这种动作如果想要做到最明显的程度，不是真实的悲伤是很难做出来的。在一般情况下，眉头高抬或眉梢降低是不会很明显的，它们往往是一种相对的状态。如果要准确判断这种状态的改变，首先需要确定一条基准线，确定这条基准线的依据是一个人正常情况下的眉毛形态，也就是把正常情况下的眉头和眉梢用一条线“连接”起来（这条线你也可以自己在心里默想）。当其产生负面的悲伤情绪时，再观察他的眉毛变化情况，可再次将变化后的眉头和眉梢用直线“连接”起来，这条线就称为眉角线，然后将该条眉角线与之前的眉角基线作对比，变化的幅度越大，表示悲伤的情绪就越强烈。

有些人即便心中很悲伤，也不会出现上述眉头高于眉梢的情形，但只要我们注意到眉角线与水平方向的角度变大，那也就意味着悲伤的情绪产生了。不过，悲伤的时候，眉毛还有可能会皱在一起，这是正在被痛苦咬噬的表现，同时由于还不能接受事实，内心正在努力分解这份悲伤。现实生活中，很少有人会毫不掩饰地表露自己的真实情感，就算是悲伤也会表现得很平静，这时，对方很可能已经意识到现实，也接受了现实，但是还不能从难过中抽离，依然处于被悲伤控制着的失神的状态里。由于悲伤的巨大操纵力量，使得精神和肌肉组织的力量渐渐退化，思考不复存在，面部表情也会不由自主地失去控制。正因如此，平静的悲伤表情才更加持久，这种表情在下文将有详细的介绍。

还有一种眉头抬升的动作，这是在十分自信并且认为对方也应当认可时，才会有的动作，一般表示的是积极情绪，如开心、喜悦等。细心观察会发现，抬升眉毛的同时，眉宇间是平滑的，眉毛抬升的幅度越高，就表明越开心、越喜悦。

第八节　鼻子“嗅出”的信号

鼻子向你传达什么信息

破案神探丰富的工作经验告诉我们，鼻子的细微动作在很多情况下将起到至关重要的作用。那么，鼻子究竟会传达出什么样的信息呢？

一般而言，一个人在闷热的时候常常会鼻尖出汗。但并非仅限于此，鼻子出汗还与其心理状态有着紧密的关系。研究发现，鼻子周围的神经组织虽然不如眼睛周围的神经组织那般敏感，但它同样具有很强的灵敏性，会因为个体性的差异或外界因素的刺激而有更加敏感的表现。人在紧张时，鼻子上很容易沁出汗珠，看上去就像很多水珠趴在鼻子上面。这是焦虑、紧张、恐惧等心理造成的个体生理反应。

FBI 曾经通缉了一名涉嫌参与恐怖袭击的中年男子，几经周折终于将其抓获，随后便开始了审讯程序。经过调查，FBI 特工认为，实施这次恐怖活动的绝非一个人，很可能是一个犯罪团伙。审讯的重点一是要让嫌疑犯自己认罪，二是要求其交代出其他的同伙如今在什么地方。在审讯的过程中，嫌疑犯很不合作，不仅不愿意交代自己的犯罪过程，对其同伙的去向也是闭口不谈。FBI 特工无法从其口中得到任何有价值的信息。

无奈之下，审讯只好中止。一天之后，FBI特工再次坐在嫌疑犯的面前，此时嫌疑犯面前的桌子已经被撤走，两人面对面坐了大约10分钟，嫌疑犯开始不安，原本看似镇定自若的表情时不时地掠过烦躁和焦虑的情绪。这时，审讯室的门被打开了，另一名FBI特工走进来，手里拿着一叠厚厚的文件，负责审讯的FBI特工起身接过文件，并且对其耳语了一番，转过身看着嫌疑犯。这个时候，嫌疑犯再也无法淡定了，他的心在打鼓，嫌疑犯偷偷看了一眼那份文件，然后又迅速转移视线。

审讯的FBI特工坐下来，把文件放在自己的大腿上，他知道嫌疑犯此时已经开始紧张，并在等着他开口说话。但他并没有那样做，而是一直一言不发地看着嫌疑犯，直到他发现嫌疑犯的鼻子上冒出点点汗珠，同时鼻翼也在逐渐膨胀，膨胀变大之后再次缩小，紧接着又膨胀变大。FBI特工认为是时候开口说话了，便对嫌疑犯说："不用我说，想必你也知道这里面是什么，我们经过一整天的调查，已经找到了重要线索，现在即使你什么都不说，我们也可以立即采取行动。不过，在此之前，我希望你能为我们做点什么，好使你的罪行不至于被判处死刑。我是为你好，该怎么选择才不至于后悔，我想你应该很清楚！"嫌疑犯此时的呼吸加速，鼻翼一张一合的速度也加快了，几分钟后，嫌疑犯果然老实交代了犯罪事实。

在这个过程中，FBI特工使用的审讯技巧很多，其中根据嫌疑犯鼻子的变化判断其心理弱点是一个关键。因为，一个人心理斗争越激烈，引起的呼吸道气流变化也就越明显，而这些气流的变化又会引起鼻翼形状的变化，最明显的表现就是鼻翼的收缩与扩张。但是，因为这种表现在很多时候会出现个体性差异，因而还要结合具体情况具体分析。

鼻子也很善于捕捉自己喜欢的事物。比如，当一个人在面对一桌美味佳肴时，鼻子周围的神经会慢慢放松，并且伴随着一些轻微的收缩动作，周边的肌肉也会舒张开来；而在面对自己不喜欢的甚至排斥的事物时，鼻子就会感到不适，所以，当一些刺激性的气味进入鼻孔时，鼻子会颤动，直至打出喷嚏。另外，鼻子在恋人之间也有它独特的功能。当面对喜欢的人，或者闻到他身上特有的味道时，鼻子会发出兴奋的信号；即使是分手的恋人，在多年后嗅到与对方相似的味道时，还是会感觉万般熟悉、亲切，于是通过嗅觉引发的怀念会在瞬间贯穿身心。

此外，鼻子还可以很好地传递“不屑一顾”的信息。汉语中有个成语叫“嗤之以鼻”，意思是用鼻子发声并冷笑，表示轻蔑。当鼻子发出“嗤嗤”声时，有一个轻微的小动作是不容忽视的——鼻子向上微微提了提。这就是鼻子发出的信号，它在告诉你：“我瞧不起你，我不在乎，你有什么了不起！”其实只要抓住这个小小的细节性动作，就能在瞬间听懂鼻子“说”的话。

与这个成语类似的还有“鼻孔朝天”。“鼻孔朝天”的意思是：仰起头来，将鼻孔朝向天空，形容的是一种高傲自大的神态。在谈话的时候，如果对方将自己的鼻子渐渐抬高，同时鼻孔也慢慢张大，就表示他对你的意见并不赞同，用鼻孔朝向你，表示对你的不满或反对。因为张大的鼻孔有时候代表的是一种情绪的压制，通常是不满、愤怒、恐惧或者是兴奋、紧张等情绪。

如果一个人开始摸鼻子，多半是因为遇到了令自己头疼的麻烦事，他也许是在说："哦，让我想一下""这个问题……"当然，有的人摸鼻子也许只是一种习惯，在与这类人谈话的时候，要注意他的每一个小动作，他的话可能是对你有所保留的，也可能是对你的问题存在怀疑却不直接说出来。

与人初次见面时，还可以通过观察对方的鼻子来判断其内心的想法，同时也可以了解到对方的性情。一个鼻梁高挺的人，总是自信而智慧的；但鼻子的高低与性格上的傲慢无理是没有必然联系的，我们在观察对方的时候不能将他天生的鼻梁高挺和鼻孔抬高混为一谈，这样就可能造成误会。在双方交谈的时候，不光是要观察对方鼻孔的高低，还要留心一下他隐藏在谈话间的小动作。例如，有的人在说话的时候喜欢挠鼻子、摸鼻子，这个时候你就该知道，也许对方已经产生了怀疑。

经验告诉我们，谈话中的鼻子变化能够透露出很多信息。比如，鼻孔张大表示对情感的抑制；鼻头冒汗是心理紧张或急躁的表现；在思考难题或极度疲劳时，人们会用手指捏捏鼻梁；在遭遇挫折或者倍感无聊的时候，也有些人喜欢挖鼻孔；如果手一直放在鼻子上并反复抚摸，此时他所提供给你的信息就很难是真实的了；另外，当某个问题出现时，对方下意识地做了摸鼻子的动作，表示该问题很可能是有效刺激源。

如果不愿意和某人继续交谈，还可以使用鼻子来中止谈话。这时候你只要多摸几次鼻子并不停地交换姿势，对方感觉到之后，也会觉得很无趣而结束这场对话。

鼻子帮你解读性格秘密

观察鼻子不仅能够窥探出某个人的心理特征，还可以了解到他的性格特点。一个人若是做过整形手术，尤其是隆鼻手术，那么此后，这个人的性格也会随之发生转变。

在人类的面部特征中，鼻子的形状备受关注。画家勾勒人物肖像时，作家描写人物相貌特征时，鼻型都是一个重要的刻画对象。精致的鼻型往往会给整张脸增色不少。鼻型凸显的人物性格其实也是很有代表性的。

一种鼻型代表的是一种性格特征，根据形状可以分为以下几类。

（一）长鼻和短鼻

长鼻的人通常喜爱孤独，享受孤独，往往富有理性和美感，却不能适应社交的要求。与之相对的就是短鼻，这样的鼻型的人意志力通常不坚定，容易受他人影响，但是性格比较开朗，朋友也会比较多。

（二）直线鼻和凹陷鼻

直线鼻是一种鼻梁不高，外观看上去比较时髦的鼻型。长这种鼻型的人大多比较自私，自我世界里的东西很多，工作、事业上较易取得成就，能够得到异性的青睐，但很容易被抛弃。与直线鼻相对应的一种鼻型是凹陷鼻，它不像直线鼻的鼻梁呈一条直线，而是凹陷下去的，这类人往往有很强的亲和力，性情开朗。

（三）希腊鼻和矮小鼻

有一种和直线鼻相似的鼻型，叫作希腊鼻。这种鼻型看上去比直线鼻更加直挺，鼻梁较高。拥有这种鼻型的人往往都有出众的才华，善于欣赏美的、高尚的事物，在艺术领域有较深的造诣，是典型的完美主义者，但自信的同时不免有些傲慢。与此相对应的一种鼻型是矮小鼻，有这种鼻型的人大多懒于实践，喜欢想、喜欢说，这样的人纵使对生活再不满，也没有改变现状的勇气，智商不高，不能承受挫折。

（四）鹰钩鼻和断鼻

鹰钩鼻的形状就像老鹰的嘴一样，鼻尖向下垂，呈现出弯钩状。这样的人一般都会比较长寿。一些长着鹰钩鼻的人冷酷残暴、阴险狡诈，比较贪婪，占有欲强。断鼻是一种鼻梁上有断层状的鼻型，这样的人在性格上往往会带有一定的攻击性，顽固不化。

（五）犹太鼻

“犹太鼻”又叫“袋鼻”，是指鼻梁带有弧状，鼻子高，鼻头下垂呈钩状，两边的鼻翼有厚厚的肉，但是不会露出鼻孔。有这种鼻型的人在生活上往往精打细算，对金钱的控制欲极强，甚至不惜舍弃名誉和地位，被人们称为“守财奴”的代表。还有一种与袋鼻相对应的鼻型，是袋鼻的变形，但是鼻翼的肉在整体上是比较薄的，还稍带一点时髦感。这样的鼻型虽然在形状上与袋鼻相似，但有这种鼻型的人在为人、性格上却完全不同于袋鼻，他们通常不会对金钱有很强的占有欲望，而且对挣钱不感兴趣，不会因为一己之利而损害他人的利益。

第二章

另类情绪分析术

情绪是一种很复杂的心理现象，我们平时在观察一个人的喜怒哀乐时，常常通过他的面部表情来一探究竟。的确，面部表情可以很形象地反映某种特定的情绪，但如果对方故意掩饰，我们就没法从表情中得到真相。不过，情绪也有其特殊的表现方式，如肢体动作。情绪从哪里来？情绪真实的表现在面部是什么样子的？怎样通过情绪的解读把握犯罪主体的心理变化？

第一节 你不知道的情绪

情绪来自哪里

破案神探在实际工作中发现，情绪的产生源于当事人遭遇到的刺激与其主观预期不相符。但按照通常的解释，情绪包含两种意思，一种是心情不好，心境不佳；另一种是人在生活中产生的体验，与情感相类似。但情绪与人类本身的自然需要相联系，具有情境性、暂时性和明显的外在表现特征；而情感是与人的社会性相联系的，具有稳定性和持久性，并不一定会有明显的外在表现特征。情感的产生有情绪的伴随作用，情绪的变化也要受到情感的牵制，如果人的某种需要得以满足，愉悦、幸福等积极情绪就随之产生，否则，就会出现与此相反的消极情绪，如不满、愤怒等。

破案神探对关注对象的内心的解读则属于第二种。

我们每个人的身体内都有三股力量在时时涌动，这就是本我、自我与超我。这三者时常发生分歧。比如，早起上班这件事，本我当然是乐意想睡多久就睡多久，直到睡饱为止，本我驱使我们什么轻松就做什么，什么舒服就做什么；自我则是要使我们做的事情符合一直以来我们想要塑造的自身形象，在自我的驱动下，我们就会马上起床洗漱上班；假使我们能够忽略本我是否想做，也不管在别人眼里自己会是什么形象，而完全是出自一种责任感去做你觉得应该做的事，这才是超我的表现。也就是说，把早起上班看成是一种责任，对生活负责，对自己负责，对工作和老板负责，那么，上班本身也会是一件很愉快的事，至少不会是硬着头皮，噘着嘴巴，满肚子怨气去上班。

由此，自我并非我们平时所说的“自我评价”“自我价值”“自我控制”等词语中的自我，而是一种时刻驱动着我们去做一些能够实现完美形象之事的力量。它甚至可以让我们表现得虚荣，一方面我们会瞧不起那些花钱大手大脚、奢侈浪费的人，可同时它也让我们去购买超出自身经济能力范围的奢侈品。这样一来，我们往往只追求一时的享受，不惜代价维持好形象，可事后也会责怪自己，甚至依然得不到别人的认可和赞同。那么此时，我们不仅会内心空虚，觉得不值，自尊心也会遭受到极度损害，消极情绪也就随之产生了。可见，自我与情绪是息息相关的，越是自我的人，就越容易产生情绪。

与本我和自我不同的是，超我能够帮助我们转变这些狭隘的视角，从而获得自尊。自我和自尊恰恰反向发展，自我少一点，那么自尊就会上升一点，自我多了，自尊也就很难不被减少或损害，犹如天平的两端。一个人如果时常用情绪化的眼光看待周围的事物，思维和理智就会受到影响、扭曲，因为当前的情绪很容易让人作出错误的判断。可见，一个人自尊水平的高低决定着他看待世界的客观程度，视角狭隘的人往往局限在一点，不能综观全局。可以说，能够很好地管理自己情绪的人，是能够客观看待世界的人，他们有能力很好地调节和管理情绪，而不是被情绪所驾驭，这样才能乐观、自得地生活。

情绪是如何产生的

话虽如此，可事实上人都是感性动物，不可能完全做到不被别人的看法左右，不为外界的变化所影响。当遭遇的外界刺激与自己的主观预期不相符的时候，情绪便会产生。

情景一：说好这周有个老友聚会，你原本开开心心的，准备和朋友一起去吃顿大餐，可朋友临时有事，并告诉你本次聚会取消，下次再定。高期待和热情被泼冷水，失落和失望顿生。

情景二：公司遇到财政危机，老板宣布到年底裁员。消息一传出，公司上下弥漫着紧张的氛围，人人心中都压着一个铁秤砣，紧张不安、担忧恐惧的程度各有不同。假如你并没有多大信心，觉得自己很可能就在这次裁员的名单之内了。那么，如果结果出来后并没有你的名字，这个时候你的第一反应是惊讶，紧接着便是喜悦，即惊喜；如果结果正如你所料，你的名字就在裁员名单中，但以往比你还差的某某却没有上名单，此时的你很可能会失落，失落之后就是愤怒了，觉得这次裁员根本就不公平。

情景三：你独自加班到很晚才回家，在停车场忽然发现一个黑影快速闪过，此时一个预警信号便传进了你的大脑，告诉你有可能遭遇危险。于是，你也许会立即僵在原地不敢动，也许会四处瞧瞧，好确定刚才是否只是错觉。但说时迟那时快，一个人突然从背后将你勒住，并威胁你交出身上所有值钱的东西，强烈的恐惧会占据你整个身心，你会四肢僵硬或试图反抗等。

情景四：你很喜爱宠物，跟随自己多年的宠物忽然有一日失踪了，刚发现的时候你或许会慌张不安，赶紧去附近的公园或街道寻找，但结果一无所获。几天后，你在下水道旁边发现了你心爱的宠物的尸体，此时的你想必一定很伤心，事情已经无法挽回，结局也无法改变，你能做的也只是默默接受。

事实上，生活中的情绪并不只有这些，工作中、人际关系上、家庭方面总是会出现一些问题或矛盾。例如，工作出错，需要面对老板的批评；在公司和同事相处时，面对爱嚼舌根的人散播关于你的流言蜚语；在和妻子或丈夫闹完矛盾后，能否低头认错，等等。

结合前一部分内容来看，低自尊的人更容易以自我为中心，一旦遭遇外界的负面刺激，该刺激对其产生的冲击力会比对那些高自尊的人要大得多。也就是说，假如相同的事情发生在不同的人身上，产生的效果也是不一样的。

研究发现，自尊与自我在一定程度上都是为了获得尊重。被尊重很重要，这也是人类的主要需求之一，如果个体无法从内心尊重自己，便会将需求转向别人，希望别人能够满足自己的情感需求；当在别人身上索取尊重而不可得之时，消极情绪就会产生。有的人认为，只要被足够关心和关注，自身就形成了一种价值，他人的爱慕和赞美也成了其开心和骄傲的精神来源。

事实上，这都是低自尊的表现，因为没有从心底真正尊重自己，才会如此在乎别人给出的所谓尊重。要知道，这些并不具有实际意义，也不能长久，一旦它们停止，你的精神依旧会感到空虚、无依托，这只会令你变得更加焦虑不安、敏感脆弱，心理学上称为“缺乏安全感”。

这样的人往往会纠结于一个不经意的眼神，一个微不足道的词语，一段毫无根据的评价等，它们引起的负面情绪将很难被控制。更有甚者，一个在你眼里层次较高的人，如聪明能干、魅力无穷的人，他们给出的一句批评会比其他人给出的诽谤更加令你伤心。为什么呢？这其实是你自己在潜意识中赋予了他们更高的权威性，有“一语定乾坤”的感觉。

心理学中有一个情绪“ABC 理论”，意思是一件糟糕的事情 A 是不是一定会引发一个人一连串不好的情绪 C，关键在于由诱发事件 A 产生的信念 B，不同的 B 就会引导出不同的 C。其中 B 就是一个关键，高自尊的人在 B 环节可能会将 A 用最快的速度消化，并认为他人的冒犯是因为有他自己的原因，如自身的麻烦事亟待解决，我自己尊重自己就已经足够了，这样就避免了更为糟糕的 C 的出现。

在侦探工作中，对调查对象进行情绪分析是一个关键的必备环节，只有善于捕捉调查对象的情绪变化，并据此分析其心理状态，才能及时抓住其心理弱点，了解其行为动机。

第二节　被情绪主宰的几种微表情

前文说过，每一种面部表情背后都有一种情绪存在，情绪作用下的面部表情往往都比较真实。破案神探对表情的观察和分析细致入微，这也是为什么他们一眼就能够读透对方心思的原因之一。

被惊讶主宰的面部表情

生活中，太多的事能够引起惊讶。人们在惊讶的时候，面部表情是极其丰富的。只要真的存在情绪，那么脸上一定会有某种蛛丝马迹。当人们遭受外界刺激时，一开始可能无法判断事情的真假好坏，此时人类多年积累下来的惯性条件反射首先支配着接下来的行为：先是吸一口气，继而睁大眼睛，想要看清楚眼前的事实，同时嘴巴张开，配合最先一次的吸气动作。在经历过一瞬间的惊讶之后，也就是人们判断完毕后，假如这刺激是积极的，那便是意外的惊喜，身体会做出欢呼雀跃的反应，充分表现出惊喜之情；但假如这刺激是消极的，身体就会发出逃跑或斗争的信号，甚至一时怔在原地，动弹不得，这也是身体的一种反应。

真正惊讶的人，眼睛会睁大，同时眼球暴露出的部分达到最大限度，这是最饱满的惊讶表情。眼睛之所以会瞬间睁大，是为了获取更多的光线射入，得到更多的视觉信息。一个处在黑暗或微弱光线之中的人，如果想看清眼前的事物，很自然地会睁大眼睛，试图看得更加清楚一点。这一点与在强烈光线的照射下眯起眼睛刚好相反。而眉毛随之向上抬升，这是一种附属性的动作，眼睛在睁大的一瞬间调动眉毛参与进来，同时也加大了眉眼间吃惊的生动性和形象性，显得眼睛睁得更大了。如果只是简单地睁大眼睛，而眉毛没有任何变化，这几乎是很难做到的。细心观察就会发现，抬升眉毛的同时，眉宇间是平滑的，而眉毛抬升的幅度和惊讶的程度成正比。

惊讶时，嘴巴也会不自觉地张开，一方面是为了配合先前的吸气动作，也就是便于吸入更多的空气，为身体下一秒的反应做好充足的能量准备；另一方面是因为在下颚的带动下，下唇很自然地向下运动，嘴巴不向两侧拉伸，单是这一个简单的下拉动作，就可以吸入更多的空气。和眼睛睁大时眉毛上拉一样，下颚下拉是用来吸气的最有力的方式。假如只用鼻子快速吸气，则无法达到最佳效果，喉部的肌肉需要大量参与到收缩的队伍中来，这是一件很困难的事。

但很多时候，惊讶并不见得表现得如此明显和夸张，我们见得比较多的也就是轻微的惊讶表情，此时眉毛不会上抬很高的幅度，眼睛也不会睁得特别大，但依旧可以看得出惊讶的存在。也有人会在感到惊讶时紧闭着嘴巴，试图用鼻子吸气，同时眼睛睁大，眉毛上抬。真正的惊讶表情一般不会在脸上停留很长时间。

被悲伤主宰的面部表情

一般情况下，当一个人遭遇挫折，遭受到了前所未有的打击，甚至是不可挽回的损失时，悲伤的情绪就会滋生并蔓延。现实生活中导致悲伤的因素有很多，像亲人离世、事业不顺、婚姻遭挫等，这些消极因素都是悲伤的有效刺激源。

悲伤严格意义上属于消极情绪，当悲伤达到一定的限度时，当事人就会放声大哭，这是一种情绪的宣泄。我们知道，人类从呱呱坠地开始就以哭开启了人生之路，婴儿以哭泣来表达饥饿，孩童以哭泣来表达某种需求，哭是不满和想要得到的信号。但在成年人的世界里，越来越少见到哭泣，不是他们不再哭泣，而是这哭泣已经不愿再当众示人。

（一）极度悲伤

通常情况下，悲伤一旦达到极致，呈现于面部的表情就明显可见了。如果想要研究成年人痛哭时的面部表情，还要追溯到婴儿时期的哭泣。婴儿在哭泣的时候，眉头是紧紧地皱在一起的，眼轮匝肌做出强烈的收缩反应，上下眼睑也会紧紧闭合在一起，相互挤压，以至于在眉宇间形成一撮极深的纹路，同时嘴角也向两侧咧开，唇形被拉长、变薄，提上唇肌收缩，上唇紧绷，两侧脸颊隆起，嘴角和鼻翼之间的区域会产生鼻唇沟，嘴巴在这个时候近似方形，露出部分下齿。婴儿长大成人后，由极度悲伤导致痛哭时的表情几乎没有差别。

将以上表情加以分解，更有助于我们理解和识别。首先来看看痛哭时候的眉眼部位。当负面情绪产生时，双眉就会下压，眉宇间便会出现纹路，但同时额肌中部也会收缩起来，将下压的眉头微微向上提升，因此整个眉头看起来是微平的。但如果单单是这样的眉型，在恐惧的表情中也可以见到，两者的区别是：当悲伤达到极限时，眉头出现的扭曲程度比恐惧时要深。另外，在眼轮匝肌的收缩作用下，眼睑闭合，眼角还会出现皱纹，这是眼角内侧挤压形成的，而在眼睛外侧也会出现所谓的“鱼尾纹”。眼部肌肉收缩得越紧，代表情绪越激烈，因此，真正悲伤痛哭时，眼睛睁开的难度是极大的。如果你发现对方在痛哭时还睁着双眼，那么，其真实性就值得怀疑了。

除了眉眼部位，痛哭时，唇角位置的表情也较为明显。嘴角向两侧水平拉伸，同时在降口角肌的作用下，嘴角也会下拉，降下唇肌的收缩会使下唇在整体上下拉，并露出下齿。提上唇肌的收缩作用会使上唇在上升的同时，与眼轮匝肌共同发挥作用，使得脸颊部位上抬并隆起，隆起的脸颊与下眼睑相互挤压，便会在眼睑下方呈现出一块凹陷的区域，这就是鼻唇沟。另外，下唇中部在颏肌的收缩作用下微微向上堆起，下巴上便会有凹凸不平的肌肉，将本来能够外露的部分下齿掩住，但是两边的嘴角还是向下弯，于是部分下齿就露了出来，这种“W”字形的下唇也成了痛哭时的表情特征之一。

需要特别注意的是，在悲伤痛哭时，下唇在接近嘴角两侧的大约 1/4 处有一个直转急下的角度，口型大致呈现出一个近似的梯形。这就是为什么很多人在痛哭时会发出“哇”的一声的原因了。

（二）平静的悲伤

与那种极致的悲伤相比，还有一种悲伤很平静。成年人一般很少在外人面前表露自己的真实情感，因此，很多时候不管多么悲痛，人们都会试图以平静的面部表情加以掩饰。细心的人应当会发现，在这种平静中依旧不减悲伤，并且这样的悲伤将会持续更长的时间。此时的面部表情主要有：嘴部和正常状态相比并没有很明显的形态变化，但颏肌与降口角肌会有轻微的收缩，嘴型看起来显示出不悦；眼睛可能微微睁大，也可能轻微闭合，这要因人而异，没有了明显的眼部动作，眉毛也不会出现很明显的下压形态，但眉头会在皱眉肌的作用下向中部聚拢并抬升。

（三）被压制的悲伤

很多女性因为矜持，往往在悲痛时刻总会极度压制情绪，嘴巴和双眼紧闭，默默流泪。这时候双眉下压，眉毛整体上呈现出轻微扭曲状，嘴巴在这个时候也有比较明显的变化，嘴角向两边延伸并呈下拉趋势，需要与撇嘴加以区分。

如果仅仅是闭着嘴巴哭泣，眉头可能呈现出“纠结”的形态，即眉毛先是下压，然后眉头向上提升，比痛哭时眉头的变化幅度稍有增大。眼睛在自然睁开的状态下，上眼睑向上提升，同时遭到来自下压的双眉的压迫，下眼睑有提升的趋势，因而眉毛在整体上依旧平直。

通过以上分析可知，悲伤痛哭时的表情如此复杂，想要假装，是有一定难度的。刻意做出的痛哭表情不具有真实表情所具有的感染力，嘴部的动作也没有那么到位。如果一个人可以充分调动起他的悲伤神经，那也是需要有真实的情绪的。

被恐惧主宰的面部表情

来自外界的负面刺激不仅使人惊讶、悲伤，也往往令人毛骨悚然，倍感恐惧。真实的恐惧源自内心深处的担忧，随着担忧逐渐加深，当事人会变得焦虑不安，进而感到害怕，进一步发展为恐惧。这一心理过程可以很快，也可以很慢。破案神探在观察的时候，会根据不同心理阶段的刺激源仔细分析，这对揭开事实真相起到了关键性作用。

担忧的心理实质是预感到不好的事情，内心难以平静，担心会出现伤害，面部通常会以紧闭的双唇和微皱的眉头呈现，表示的是一种克制和内心的压力。

不安的情绪呈现在面部时的特征是：眼睛比正常情况下睁得大一点，眉毛整体趋于平直，但依旧存在扭曲，眉头上扬，双眉间呈现轻度纵向皱纹，嘴巴松弛微张。

害怕是比恐惧缓和一点的情绪，眉头上扬，眉型整体上呈内侧下弯，上眼睑向上提升，露出警觉的眼神，同时上唇向上提升，露出上齿，嘴巴较正常情况下向水平方向放宽。

当恐惧情绪达到高潮，面部表情也随之达到极限：双眉紧皱，眉头下压，眉宇间形成一道深深的皱纹；两边眉头会在额肌中束的作用下被向上提升，从而在额前形成一个倒写的“U”字形；眼睛试图在下压的双眉下睁到最大，上眼睑试图向上提升，但要受到眼轮匝肌和皱眉肌的影响，上眼睑的皮肤被挤压形成一条对角线般的褶皱。在这个表情中，眼睛睁得越大，表示承受的恐惧心理越强烈。上唇被拉升，上齿外露，下唇向下拉开，并向耳部延伸，露出部分下齿，嘴巴整体张大，似乎要大喊出声。但这样的口型几乎是不能喊出声来的，因为这是为了配合深深吸气的动作。

在观察时还要留心一些小细节的变化，同惊讶的表情一样，真正的恐惧表情不会在脸上停留太久，否则假装的可能性非常大。如果你面前的人正在说："哇，好可怕呀！"脸上的表情却基本上和恐惧挨不着边，或过度惊愕恐惧的表情持续的时间过久，那可千万不能信以为真，面部表情已经出卖了他。

被愤怒主宰的面部表情

我们做一个假设，如果一个清白之人被平白无故地诽谤、污蔑，负面谣言满天飞，那么该当事人一定会拍案而起，心中对造谣生事者满是愤怒之情；但假如该当事人心虚，谣言并非空穴来风，为了掩人耳目，他也很可能拍案而起，但这时并非真正的愤怒。那么，作为旁观者的你，会怎样来区分这两者呢？

破案神探在调查中发现，愤怒的情绪一旦达到顶峰，面部表情也会随之出现很明显的变化。由上向下观察，首先是眉眼之间的表情。研究发现，愤怒的情绪越激烈，双眉下压的程度就越大。不过，双眉下压并不能作为愤怒情绪的典型特征，正如我们在前文中所述，下压的双眉代表内心的压力，表示深度关注，而这份压力究竟是哪一种，还不可以完全根据眉毛加以判断，要结合其他部位的表情进行细分。

真正愤怒的面部表情有自己的形态特征：双眉做出强烈的下压动作，同时眉头下压，上眼睑较大幅度地向上提升，有时在眉宇间还会出现褶皱，而下眼睑则呈紧绷状态。另外，下压双眉的同时双眼极力形成怒视。上眼睑向上提升，下眼睑紧绷在一起，这也是愤怒情绪最基本的形态特征，是判断是否为愤怒的必要因素。当然，随着愤怒情绪的逐渐消退，该表情也会逐渐缩小幅度。

鼻子及其周边的肌肉也有明显变化。在提上唇肌和上唇鼻翼提肌的作用下，上唇微微提升，有种“咬牙切齿”的感觉。一起变化的还有鼻子的形状，由于在某种情境下为了刻意控制愤怒的情绪，鼻孔膨大，同时向外粗重地反复呼气，即鼻翼上升，鼻孔张开，鼻翼两侧形成深深的沟纹。脸颊也会受此影响而略微突起。如果单独观察这个部位的动作，很容易理解为蔑视，而结合眉眼的动作来看，就是很明显的愤怒表情了。

最后来看看嘴部的表情变化。愤怒的表情其实在很多情况下各有区别，因人而异，也因愤怒的程度而异。有的人在愤怒时是紧闭着嘴唇的，也有的人在愤怒时习惯“龇牙咧嘴”。在紧闭嘴唇的愤怒表情中，紧闭的双唇导致嘴角严重下垂，似乎紧紧憋着一口气，就如同一颗即将爆炸的定时炸弹一样，让人感受到威胁与压迫，有时候比大声吼叫更加具有威力。心理学家称，这是一个憋气的表情，它所具有的特征包括：(1)双眉下压并紧紧皱在一起；(2)眼睛圆睁；(3)双唇紧紧闭合在一起，嘴角收缩呈下弯弧线；(4)面部颏肌收缩，微微突起。但是这种憋气的嘴形并不是愤怒表情的主要特征，因为假如只有憋气的嘴形，有的时候还代表悲伤或委屈。

被厌恶主宰的面部表情

如果一个人心生厌恶，是很难在脸上不露痕迹的。日常生活中，人们往往用眯起眼睛和阻断视线来表达轻蔑和否定。一个人如果并不喜欢眼前的人或物，很可能会迅速地将视线移开，这种视觉的阻断也暗示了某种程度的厌恶。破案神探发现，厌恶的情绪也有其明显的面部表情特征。

轻蔑的情绪过于浓厚就会转变为厌恶。为了更好地理解厌恶的面部表情，先来看看蔑视和不屑的表情。一个人认为自己根本不用花费工夫作任何回击，便是最佳的蔑视和不屑，这种表情的特征是：眉头稍向下挤压，眉宇之间出现皱纹，眼轮匝肌收缩，眼睑紧张闭合，上唇微微向上提升的同时，露出上面的一排牙齿，下唇基本无变化，鼻翼也跟着向上，并向外扩展，在鼻翼两侧形成浅沟纹。整体看上去，眉毛、眼睛、鼻子、嘴巴都向同一个方向集中。

表示不屑情绪的时候，很多人还会做冷笑和讥笑状。眉眼部位几乎没有什么明显的变化，上唇微微提升，下唇比在正常情况下要显得平直一点，在鼻子周围会有一道浅浅的鼻唇沟，只不过没有极度厌恶时那么明显。做出这种面部表情的人，往往自认为有某种优越感。更有趣的是，与嘴角一起上扬的还有眼角部位，即眼睛轻微眯合；脸颊微微向上提升，明显的是上唇单侧向上提拉，嘴角跟着做出上扬动作，与另外一边显示出十分不对称的表情，这就是讥笑的面部表情。而与此相比，冷笑的眼部动作不会很明显，具有标志性的动作还是嘴巴部位的单侧微笑，往往更加深刻地表现出一种发自内心的不屑情绪。

轻视和不屑愈演愈烈时，厌恶的情绪就此产生：双眉紧紧皱在一起，眉头下压并试图挤在一起，同时双眉呈下压状，双眼紧闭，鼻翼两侧肌肉向中上部紧缩，同时带动上唇向上提升，露出上齿，在鼻子的周围形成深深的鼻唇沟；在上唇的带动下，下唇也跟着向上和上唇紧紧闭合在一起，下巴表面肌肉也同时向上皱起，形成一些褶皱纹；与此同时，嘴角下拉，在下巴接近嘴角的部位形成一对括弧形状的纹路。

生活中，人们用来表达厌恶情绪的面部表情一般都比较轻微。实际上，能够引发厌恶心理的刺激源几乎无处不在，它们普遍具有两种特征：一是当事人对该刺激源持否定态度；二是当事人在不赞同的基础上，还觉得该刺激源相当低级，至少比自己预期的要低得多，远远在他的主观认可范围之外。当然，在闻到自己不愿意闻到的气味时，也会出现厌恶的面部表情，随之还会伸出手来捂住鼻子。

第三节 由情绪变化把握主体的心理变化

引发罪犯作案的罪魁祸首

破案神探发现，犯罪主体在犯罪的时候，总会伴随一系列的情绪变化，这些情绪变化的演变过程往往影响着犯罪主体实施犯罪行为。

在美国加州的某商场内曾经发生了一起凶杀案。FBI 特工调查发现，这起凶杀案的嫌疑人是某企业的一名高层管理者，在亲朋好友的眼中，他是一个性格内向，不会随意招惹是非的人。案发之后，该嫌疑人并没有立即离开现场，在 FBI 特工审讯的时候他也没有否认罪行。通过调查得知，该嫌疑人杀害的是他大学时的室友。当天他是与公司的同事一同逛商场，遇见室友的时候他本想能躲就躲，可室友并不这样想，而是追着嫌疑人一直说话，其间他说了不少嫌疑人在大学期间的小秘密，包括他追求室友女友的事情。嫌疑人身边的同事尴尬地一言不发。后来两人扭打起来，同事将其拉开，但没想到那位室友依旧不罢休，还说要让全世界的人都知道这个小子（嫌疑人）究竟是个什么样的人！嫌疑人无法忍受，随即抓起一把水果刀刺向室友的左心房，被害人因流血过多，当场死亡。

经过十几个小时的审讯，嫌疑人打破了最初的沉默，开始老实交代案发的前因后果。原来，两人在大学的时候曾经是室友，关系很不错，那名室友有女友之后，大家依旧时常一起吃饭聚会，但不料那位女生见到嫌疑人之后，与男友的关系就变得冷淡起来。一个月之后女生向男友提出了分手，还说要和嫌疑人在一起。至此嫌疑人与室友的关系彻底僵化。嫌疑人称，自己并没有真正接受那个女孩的示爱，也并不支持他俩分手，但室友却屡次在众人面前说起这件事，还说是他横刀夺爱，抢走了自己的女友，给嫌疑人的生活带来不少困扰。这次4年后在商场碰见，没想到室友还是不忘旧仇，在公司同事面前诋毁自己，极端愤怒之下，他无法自控，就起了杀念。

FBI特工分析，情绪的变化是其走向犯罪道路的导火线。FBI特工根据多年来对犯罪心理的研究发现，几乎每一名罪犯都有着不同的情绪变化，在整个案发过程中，情绪往往主导着当事人的行为，尤其是那些已经失去理智的人。FBI特工在调查的过程中会充分关注外界环境的变化，因为外界环境的刺激会导致犯罪分子产生两种不同的内心感受，即内部感受和外部感受。在上述案例中，罪犯在受到言语的攻击后，产生愤怒的情绪，这是促使其作案的内部感受；在大庭广众之下，人格遭到攻击，无形中压迫感就会增加，这是外部感受，两者相互作用，杀念也就酝酿而成。

心理分析在案件调查的过程中起着不可替代的作用。现实存在的压力迫使当事人的情绪开始波动，心理发生复杂的变化，无暇思考，在情绪的左右下就很容易走向犯罪。可见，外界环境的变化是引起犯罪主体心理变化的根本原因，由此就可以找到犯罪主体实施犯罪的动因了。

情绪的突然爆发也可称为“激情”，犯罪分子在这时候往往非常缺乏安全感。在社交的过程中，这些人比较看重自身的安全，这种安全不仅包括人身的安全，还包括人格上的安全感，希望被信任和尊重。在受到外界刺激的时候，他们的心理出现迅速、短暂的变化，如忽然仰天大笑、脸色大变等。“激情”产生的过程具有爆发性，大量事实证明，这种“激情”的爆发带来的都是负面影响，致使当事人丧失理智，实施犯罪行为。

在面对突发事件时，精神处在一种高度紧张的状态下，这种心理变化称为“应激”。在犯罪分子情绪不稳定，并随时都有可能实施犯罪的情况下，可以借助“应激”的心态处理，采取出乎罪犯意料的行动，促使其产生高度紧张的情绪，这个时候再实施抓捕行动，往往比较有效。

学会研究和分析情绪的变化

犯罪行为的背后总是隐藏着一些规律，外界的刺激会促使罪犯无法正常控制和管理自己的情绪。很多时候，不仅仅是犯罪主体，生活中的许多人都会有丧失理智的时候，只不过程度和导致的最终结局不同而已。当他人抓着自己的某一错误大加指责，或者是不问青红皂白地污蔑诽谤之时，愤怒之前不妨先静下心来，问清楚原委，为自己澄清真相。如果从对方的言辞中能寻找到某些积极因素，便可以阻止愤怒情绪的产生。假如你知道别人因为什么事情归罪于你，那就应该以积极的心态去面对，愤怒甚至一些过激的言行永远解决不了问题。

反过来想，如果对方做出了令你觉得不顺眼的言行，在质问他之前，势必要搞清楚情况，在还没有百分之百的把握之前，最好不要恶言恶语。要知道，人的情绪一旦达到极限，是很难受理智控制的。

面对你的"对手"，不要轻易让矛盾激化，用技巧和心理战术往往会取得意想不到的收获。举个例子，如果你知道你的同事总是在背后诋毁你，说一些关于你的不着边际的坏话，那就可以试着这样问他："我最近常听到一些不该听到的话，我不知道究竟发生了什么事！"对方如果不屑于开口说话，表示他对你的意见还不小，那你可以干脆说："其实我知道你对我有些看法，但你不觉得我们有必要把事情解决一下吗？不然你我心里都不会舒坦。"他若愿意开诚布公地和你谈谈，那倒不失为一个好的解决途径。但也不排除某些不愿合作的对象，任你怎么说，他就是紧紧闭着嘴巴，这个时候，你也可以适当给出一些警示，如"我希望是我误会了，但如果今后你对我有意见，请当面和我本人说"。话毕，即使对方依旧不冷不热，你的目的也已经达到了——让他知道，你不会对这些谣言坐视不管，你在心理上已经占了优势。事后你可以主动寻找与他碰面的机会，观察他在见到你时的反应，假如他表现出躲避、难为情、尴尬等，那表示你的那番话已经有了积极效果，这时就是运用心理技巧的最佳时机了。

在审讯犯罪嫌疑人的时候，关键一环就在于化解对方的仇视心理。上述案例中，你如果在对方的脸上看到的是消极表情，如怒目而视，高傲地用鼻孔对着你等，那你就有必要采取更加有效的措施。在面对犯罪分子的时候，积极有效的沟通必不可少，除此之外，要想打破僵局，还要主动向对方示好，赞美对方的优点，让他的心理和情绪逐渐向积极的一面转变。调查发现，很多犯罪主体的自尊心都相当强，他们总是觉得别人应当按照他们的意愿去行事，否则他们的情绪就会遭受冲击，很容易陷入不满、怨恨，甚至是报复之中。因此，要把握这些人的心理特征，密切关注他们的情绪变化，迎合其积极情绪，而对其消极情绪绕道而行。

第四节　由情绪引起的几种行为变化

示弱的脖颈

上一章中我们说过歪头这个姿势，人在歪头的时候表示其卸下了防御心理，因为露出的脖颈是人体中最为脆弱的部位之一。实际上，隐藏在脖颈间的小秘密还有很多。

当人们感到疲劳、紧张和不安的时候，会用手触摸自己的身体，以此来缓解压力，其中颈部的小动作便是最明显的情绪显示器。一旦感觉有不适或者危险，大脑就会指示颈部做出一系列的小动作，而这个时候即使你一言不发，保持缄默，旁人一样可以通过你的这些小动作发现你在情绪上的变化。

女性在面临负面压力或恐惧时，会比男性更加容易做出这样的动作。她们往往更加习惯将手放在胸骨的上切迹，这是位于喉结与胸骨之间的浅凹部位，也叫作“颈窝”。如果你见到一位女士将自己的手放在颈窝上，那么多半说明她是感到不安与紧张了，可以根据这一线索来判断她此时是否在说谎，或者她面临的环境是否给了她很大的压力。

男性却没有那么容易就做出这样的动作，他们在面临压力或恐惧时会更加想要去掩饰，而不是向别人泄露。另外，男性在动作上的幅度比较大，也很少关注颈部，他们的减压方式多半是用手揉抚颈背部，或者是捏起下巴以下、喉结以上的皮肉部位，以按摩的方式舒缓神经末梢血压、降低心率，起到调节、镇定的作用。条件允许的情况下，他们还会用手来调整衣领或领带。

研究发现，颈部是人类在面临压力或危险时，第一时间想要去保护的身体部位之一，也是人类比较脆弱的身体部位。只有在面对最亲密的人时，人们才会放松警惕。但在公共场所，出于天生的自我保护意识，人们总是会提高警惕，更不会轻易地将脆弱的一面放心地展露给陌生人。在双方对话的过程中，如果发现对方将双肩向上提了提，那就表明他现在很想把脖子藏起来，这也暗示了他正处在紧张、焦虑、不安、没有信心的状态下。还有那些处在热恋阶段的情侣，女方总会不停地玩弄自己胸前的项链，男方也会时不时整理下自己的衣领，那么不难判断他们是有点小紧张的，并且又羞于被对方发现。

如果一个人缺乏自信或者是正处于困境之中，其中一个明显的标志就是“缩头含胸”，因为这样可以将脖子完全隐藏起来，在心理上起到一种被保护的安全错觉，自认为已经顺利地将内心的自卑隐藏起来，别人看不到他的脖子，也就不会看穿他的内心。可见，从脖颈间可以观察到一个人的心理及其情绪变化。

另外，人在愤怒的时候脖子往往会显得很“硬”，这是因为在愤怒情绪的作用下，颈部肌肉绷紧，呼吸的力度也变大，更多的血液涌动在颈部两侧的血管中，使它更加粗大，脖子比平时看起来更粗了。假如一个人一贯都是粗着脖子，表示这个人在性格上属于顽固不屈的类型，有着在任何时候都不愿意低头的倔强性格。在外形上，粗壮的脖子往往会给人勇猛、好斗的感觉，这点在男性的身上表现得尤为明显。相反，那些有着细而长的脖子的男性，往往给人缺乏进取心与男子气概的感觉。这一现象表现在女性身上却恰恰相反，细长并有着漂亮曲线的脖子已经成了优雅女性的标志。

冻结反应

外界刺激能够引起内心的情绪变化，前文中我们提到过几种面部表情，惊讶是其中之一。人们在惊讶的瞬间，面部表情是僵硬且静止的，如果表现在肢体动作上，就是动作减少甚至停止。人在遭遇意外刺激后，神经系统会高度集中，进而使得身体的其他运动大量地减少，甚至停止，这一过程虽然短暂，却很重要。同时，大脑会对此作出分析和判断，直到采取相应的应对措施。这整个过程就是冻结反应。

之所以会出现冻结反应，一是因为神经系统高度负重，身体运动的减少可以减轻其负担；二是因为此刻实在不是做动作的时候，为了避免多余的动作带来不必要的“麻烦”，只能先停下动作，思考充分之后再行动。

（一）表情冻结

出乎意料的惊喜会让一个人极度惊讶，面部表情也会出现瞬间的凝固：眼睛微微睁大、眉毛高挑、嘴巴在不知不觉中张大，有的人甚至还会倒吸一口气，喉咙里发出倒吸气的声音，

“啊！”“嗯？”“呀！”等，女士有时还会用手捂住嘴巴，随之而来的就是舒展开来的面部表情，喜悦之情溢于言表，夸张一点的还会欢呼雀跃，大声喊叫。

惊讶过后随之而来的还可能是恐惧、厌恶、愤怒，甚至是攻击，因为对于负面刺激的惊讶反应很短暂，我们用肉眼几乎不可察觉，但在惊讶的一瞬间，神经系统高度集中，用于处理当前的复杂信息，以便作出应对决策。但是，研究发现，面部表情本身就带有一定的欺骗性，因为主观控制导致我们眼见的并不一定为实。生活中很多人会为了保持礼貌而做勉强微笑状，而过大的负面刺激会促使一个人失去他本有的修养、风度与矜持，表现在面部表情上的冻结反应是：表情单一或始终不变，面部肌肉僵化，眼睛这个时候很难再有光泽，一般都是目光集聚在一处，并处于失神状态。这多半是不知所措的尴尬、愤怒、失望、悲伤等，继而是寻求解决措施的思想激战，最后才会作出应对——忍耐或爆发。

（二）呼吸冻结

之所以会出现呼吸的冻结现象，最主要的还是因为当事人想要降低被关注度。我们经常可见一个词语“屏住呼吸”，似乎只有通过屏住呼吸才可以搜索到那些极其微小的声音。小时候我们也会玩“躲猫猫”的游戏，玩伴快到你跟前的时候，躲在草垛背后的你肯定是屏住呼吸，担心只要一呼气就会被发现，这是一种紧张的心理表现。

破案神探认为，当事人如果突然放慢了呼吸或者停住了呼吸，表明他的心里正在承受恐惧的压力，却不敢逃走或反抗，并始终在担忧与恐惧的心理状态下等待着结果的降临。这就暗示着有效刺激源的出现。假如你发现一个人在说完某句话之后出现呼吸冻结，那么该句话很可能就是有效的刺激源，假如他之前说的话与此时不符，那就有可能是做了隐瞒。

（三）肢体冻结

冻结行为是人们在特定的情况下持续不变的某一动作——是面临危险时僵持不动的四肢，或者是遭遇惊吓时呆若木鸡的躯体，抑或为了避免不必要的麻烦而刻意减少肢体动作等。比如，一个扒手出现在公共场合，尤其是有警察出没的地方，他们就会担心手臂动作会暴露了自己的身份，于是刻意减少手臂的动作，以此来降低被发现的可能性。但是这在旁人看来显得很奇怪，经验丰富的侦探就能一眼看穿其心理。

虽然手臂在面临危险的时候总是会帮助我们免受危害，但在极度恐惧的时候，我们的手臂也会被冻结。这其实是在大脑的指令下身体所做出的一种边缘反应。

冻结的表现还有双手的约束。还记得你第一次上讲台吗？可怜的双手似乎不知道要怎么样放置才好，有人问你为什么，也许你会说："呵呵，太紧张了，有点不自在。"实际上，紧张、不自在源于担忧，担心自己不被大家认可，担心自己表现得不够好……虽然你强颜欢笑，挤出笑容，站直了身躯，挺起胸膛，但是双手呢？过度紧张和担忧会使双手在不知不觉间僵硬，如很多女孩站立的时候经常将自己的双手交叉放置在腹部前方，并且相互牵着，略略压低的下巴加上一副害羞的表情，看上去显得娇俏可人。男性极少做这样的动作，他们多半是把自己的手藏起来，不是插进裤袋，就是背在身后，有的人干脆以为这是潇洒的姿态，双手或一只手插进裤袋显得非常酷。而实际上，心理学家认为这恰恰说明了当事人的一种心理状态——不自在、不放松、紧张或不知所措等。

双脚同手臂一样，在遭遇危险的时候也会瞬间陷入静止状态。最常见的是双腿并拢而站，挺直的同时肌肉紧绷，双脚也死死地扣在地面上，保持着原先的摆放状态，这是大多数人在清楚自己无法逃离的情况下所能做出的动作，几乎很少会有叉开双腿、完全无所谓的站姿，紧张的神经促使双腿并拢并且排除了逃离的可能性。这个时候也是以减少动作来降低被注意的可能性及变数，以免因为动作而引来更为猛烈的刺激。

坐着的时候出现冻结反应也是源于精神的紧张，负面刺激一旦起到作用，坐姿立马就不再是起初放松的状态了。说到放松的坐姿，是因人而异的，但整体看上去会比较随意自然。坐姿里比较常见的冻结行为是利用椅子或其他的东西把双腿约束住或固定起来，使它们不能随意乱动。其中最为典型的还数脚踝的紧锁动作，即两只脚一上一下交叉放置，双脚的脚踝相互交叉放在一起，如同紧紧“锁”起来了一样，这也是一种冻结动作。另外，也有的人会将两只脚分开，分别放置在椅子前腿的后侧，让两根椅子腿卡住双脚，不能向前运动，双手也会相应地固定放置在大腿上，或交叉或相互叠交；

假如椅子或凳子前下方有一条横杠，有些人也会将两只脚并拢放置在横杠上面不动弹。

现实生活中，身处一个陌生的场合，几乎很难有人能做到自然大方，如果大方得体，那是需要足够的自信的，还要对整体形势有所了解并且有能力进行掌控，否则都会显得束手束脚，站立或坐着的时候很容易就出现冻结反应。

收缩或冻结的肢体动作一般代表的是隐藏、示弱心理，相反，那些具有强大掌控力的人往往会做出肢体伸展的动作。因此，我们如果发现一个人做出这样的冻结动作，那很显然是因为担心受到负面刺激，也可说明他当前的心理正处在劣势状态下，防御心理也已经比较弱了，这时候就更加容易受到刺激，并且效果也会更加明显。

第三章

肢体动作阅人术

俗话说："画龙画虎难画骨，知人知面不知心。"很多时候我们看得到一个人的外在，却很难看清楚他的内心。破案神探认为，肢体语言是人类的第二语言，它比口头语言还要真实。你知道躯体距离的远近在心理学中如何解读吗？手臂可以传达哪些信息？腿脚又为什么被称为"最诚实的心理学专家"？一个人的习惯性动作中透露出什么信息？坐姿、行姿又是如何反映一个人的性格特征的？

第一节　距离远近的奥秘

躯体远近的信号

和四肢一样，在遇到危险的时候，我们的躯体也会第一时间作出回应。比如，发现不远处有辆汽车迎面驶来，你的本能反应也许就是往马路里侧靠一点；如果看到前方有个你不喜欢的人走来，也许你的身体下意识地就会往反方向转，假使刚好身边有个小道，说不定你还会假装改变方向，从而避免与其碰面，等等。这些其实都是身体发出的逃离与自我保护的信号。

当一个人意识到眼前的事物已经对自己产生了威胁，甚至危险已经降临时，大脑便会发出紧急信号，要求远离对方，以保护自己不受侵害。比如，你面对一桌并不喜欢的菜肴，这个时候如果选择离开，就会扫了一桌子人的兴致，因此，即便你不喜欢，也依旧要保持在原位，你没有选择，就只能暗自将身体向外移动，以远离它们。

面对自己不喜欢的东西时，选择拉开距离是一个人的自然反应；面对自己喜欢的事物、喜欢的人时，则不知不觉地拉近距离。但一个人并不是在任何时候都能如愿面对自己喜欢的东西，有时候也会不得不面对一些不好的，甚至是讨厌的东西，假如不能逃离，也只能凭借拉开身体距离表达不喜欢，或缓解此时的不情愿、不满、烦躁等消极情绪。

类似的场景还出现在一些商务谈判中，当对方向你提出一些不合理的条件或要求时，或者在某些问题上无法达成共识的时候，双方就会产生不自在、抵触的情绪，于是便会下意识地将身体向与对方相反的方向移动。伴随这一动作，可能还会出现揉眼、闭眼等动作，脚部很可能也会发生朝向的转变。这些都在向对方说明，目前你所持的态度是怀疑的、不认可的。

一个愿意接受你、靠近你的人会将自己的躯体向你倾斜；相反，那些不喜欢你，甚至厌恶你的人就会不知不觉朝与你相反的方向移动。倘若是在谈话的时候，对方突然将身体稍稍变换了姿势——这种姿势使得你们之间的距离更远了，想必聪明的你已经意识到对方的潜在意思了，因为对方是用躯体语言向你传达出了一个并不友好的信号——“我开始厌烦了”。相反，如果对方一直渐渐地向你靠近，那就表明你们有许多共同话题，并且对方已经用渐渐倾向于你的躯体传达了“十分赞同、十分喜欢”的信号。如果留心观察我们身边的人，也会发现一对对情侣或闺密在大街上往往都会手挽手，说悄悄话时还会有种“耳鬓厮磨”的感觉。

躯体的自我保护

有的时候，出于种种条件的制约，面对自己不喜欢的人或事，我们其实是不能自由地选择远离的。而此时躯体会做出什么样的反应呢？通常情况下，想远离而又无法远离的时候，躯体就会做出一些动作来达到自我保护的目的。比如，在双方对话的时候，一方突然将双臂交叉架在了胸前，这就说明他很可能是感到了不舒服，或对目前所谈论的话题有看法，甚至根本就不赞同你的意见。有的人还会在这个时候突然将上衣的纽扣扣上或解开，在谈话结束后又会解开或者扣上。

人类实施自我保护的方法很多，通过躯体动作来自我保护也是其中一种比较重要而常见的肢体语言形式，但往往也存在男女差别。

男性在躯体保护方面通常是将双臂交叉抱在胸前，两只手抓住胳膊的上端，同时将两腿叉开；如果是打着领结的男士，他们还会将领结反复拉伸、固定；有时候也会将自己的公文包夹在腋下、把玩小东西、假装整理衣袖等。类似的动作在女性中也是比较常见的，并且更多样化，尤其是在她们感到不安、紧张的时候，躯体保护的动作便会更加明显。比如，那些独自行走在校园里的女生，或者是下班后独自走在回家路上的女性，往往都会将书本或文件夹紧紧地抱在胸前。

不过，双臂交叉并不完全是在表达躯体保护的动作。当交叉的双臂自然而然地交叉垂在腹部上方，两手自然地架在胳膊的上端，注意：并不是用手抓住胳膊，那么这个动作发出的信息便是积极的，它表示的是一种轻松自然的姿态，一些小孩子在玩耍的时候也会经常这样，常常让人觉得好笑。但是，如果交叉的双手紧紧地抓住胳膊的上端，就是一种紧张与不安的信号了，并且双手紧握的部位越高，就表明动作发出者的紧张与不安的情绪越激烈。

现实生活中，还有一些人在面临压力的时候，喜欢把外界事物当作缓解情绪、释放压力的"救命符"。仔细观察，或认真回想一下，当你和你的朋友在谈论某些很轻松、很愉悦的话题时，你不会感觉到任何不安与紧张的空气弥漫在周围；当你们谈论一些很严肃的话题时，是否会将身边触手可及的东西，如布偶、抱枕等物品抱在怀里，也许即便是一个很小的饮料瓶摆在中间，也可以带来精神上的安慰。

躯体距离背后的秘密

心理学家研究发现，我们每一个人都有自己的私人空间，并且需要这样的空间。人是相对独立的个体，适当的距离才有助于交流。有心理学家总结，人与人之间的距离可分为四类：亲密距离、个人距离、社交距离和公共距离。亲密距离一般控制在 0.5 米以内最为合适，这是只有在比较亲密的人之间才会被允许的，像家人、恋人、好友等，刚刚认识的人千万不能逾越，但即便是最亲密的人，有的时候还是需要保持一段身体距离，否则，就很容易引起心理上的不安与焦虑；个人距离一般在 0.5～1.2 米，属于正常生活与工作的无身体接触的范围，与熟人、同事保持这样的距离是恰到好处的，稍微亲密一点的熟人距离可缩短至 0.5 米；社交距离就是在正式的社交活动、商务谈判等场合应该保持的距离，一般在 1.2～3.5 米；而公共距离则是在公共场合，没有任何交际的情况下的距离，一般在 3.5 米之外。这些都属于正常的躯体间的距离，不同的人在不同的场合，应该根据与对方的亲疏程度保持适当的距离。

但是，这些都是正常情况下的躯体距离，在具体的社交活动中，距离也会随着具体情况的需要而发生改变。这就是有的人为什么会突然之间跟你拉开躯体距离的原因了。有的时候，躯体之间的距离会改变得很突然、很微妙，往往只是将身体稍稍变换了一个角度。

在面对威胁、不安与压力的时候，人们的躯体会向反方向收缩，以此来拉开彼此间的距离，而与之相对的还有一种躯体伸展的动作，就是通过拉大自身的周边范围来实现躯体保护的目的。特别是一些男士，当他们坐着的时候往往会将身体展开、双臂随意地伸开，摊放在大腿或椅子的扶手上，两条腿朝外侧伸展开来。这明显是一种捍卫领地、扩展空间的姿势，甚至表达的是一种反抗。

也许有的人会觉得，躯体距离越近，表示关系越亲密。可实际的社交活动中，空间距离与心灵距离并不一定都是成正比的。我们应该根据需要灵活调整人与人之间的距离，这样与对方相处起来才会更加轻松自如。我们的躯体在面对压力、威胁、紧张、不安时，会做出相应的动作来调整、缓解这些不良情绪，这是人体的自然反应，只有远离了那些会带给身体威胁的事物，才能有效地保护自己，消除这些消极情绪的影响。于是，躯体间的距离就成了最好的缓冲地带，在开始阶段，躯体会选择远离，远离不成功，就有了躯体的自我保护行为。

但是，身体距离往往还要根据特殊情况区别对待，身体的空间距离很近，并不意味着心理距离就很近。同样，在人们交往的过程中，还要根据各个民族、国家的风俗习惯来判断。比如，在外国人看来，拥抱可以是见面时候的一个礼貌问候，但在中国，拥抱可不是一种礼节和问候，只有在亲密的人之间才能有这种行为。

“胸”“腹”语

当一个人受到惊吓时，第一时间感觉到的就是自己的心跳，一切似乎在一瞬间静止，待到这一瞬间过去，或许还会惊呼一声：“心都要从嗓子眼儿里跳出来了！”同时，一只手已经放在了前胸上。其实，胸部是一个人心脏所在的区域，也是人们在危险时刻第一时间想要保护的地方。就连动物都知道把自己的胸部保护在四肢之中，然而，在人类文明高度进化的今天，胸部的防范意识已经在渐渐减弱了。即便如此，人们在受到惊吓时还是会下意识地想要保护自己的胸部，尤其是女性，在面对外界的威胁时，常常会本能地用双手护住胸部。

当一个人企图掌控领地的时候，往往会不由自主地挺起胸膛，以表示自己的力量足以战胜对方，表达自己的决心，在气势上占据主动。看看那些正在吵架的人，他们总是挺起自己的胸膛，摆出一副“理直气壮”“势在必得”的架势，就算再没有底气，也要摆出这样的姿势，因为收起的胸膛就表示屈从，是向对方示弱。

当然，通过观察一个人的胸膛还能得到不少的信息。比如，相对而坐谈话的两个人，如果彼此的胸膛都朝向对方，就表示双方正沉浸在和谐的谈话氛围里，有许多共同的话题，相对的胸膛表示的是一种尊重，也是认真聆听的一种表现；但是如果对方突然改变了胸部的朝向，不再对着你，那么很可能是有别的事情吸引了他的注意力，或者是他对你现在所说的事情已经不感兴趣了。

如果胸膛连续做起伏、扩展、收缩的动作，多半是因为心里憋着气，或承受了很大的压力，起伏的速度越快就表示心中的气和压力越大。如同人们在跑完步心跳加速一样，胸口有很大的起伏，并且嘴里还会大口喘着气。这是因为在压力的作用下，胸膛接收到大脑发来的信息，做出一些行为来缓解或释放这些压力。于是，胸膛便会因努力吸气、呼气而出现大幅度起伏的动作。可见，内心有压力的人，胸部总会出现不一样的起伏动作。

抬头挺胸的人总会给人自信满满的感觉，因此胸膛也代表一种气节，代表着自信和勇敢。喜欢挺起胸膛的人往往就是正直、自信、勇敢的人。而如果是一个心里有事、谨小慎微的人，就很难将自己的胸膛挺起来，就像在公共场合心虚的扒手一样。拱起的背、低下的头、含起的胸都是一个人不自信的表现。那些习惯弓腰驼背的人往往没有坚持不懈、正直不屈的风骨。

和胸膛一样，腹部同样可以带给我们很多信息。我们的腹侧（其实就是身体的前侧）可以发出两种信号，通过“前置”或“转移”来传达信息。“腹侧前置”会将人们喜欢的、美好的事物展现在眼前，因此人们就会很乐意用人体中非常脆弱的部位——腹侧来迎接眼前的美好。拥抱便是一个最为典型的例子，两人拥抱时身体前侧是彼此最贴近的部位之一，充分表达了亲密之感。

但“腹侧否决”这个行为就刚好相反。正是因为腹侧是人体中非常脆弱的一个部位，因此在面对自己并不喜欢的事物或感觉到有潜在的威胁时，人们会将身体微微转动，以改变腹侧的方向，这种动作表示的是一种排斥与厌恶的情绪。心理学家认为，在人际交往的过程中，“腹侧否决”行为往往是人际关系紧张的前兆。交谈双方尽管还会面对面，或继续说着当前的话题，表面上似乎一点儿也没有变化，但是那微微转换了方向的腹侧，已经暗示了局势的紧张。

实际上，腹侧的范围可以缩小到腹部。腹部是表示自信与胆量的部位，如果轻拍自己的腹部，表示的是自信和风度；而抱腹紧缩传达的则是沮丧、难过或不安的信号。腹部也可表示扩大自己的势力圈，突出腹部表示有威慑对方的意图。通过观察一个人的腹侧动作，可以透视其内心情感以及情绪的变化。两个人的关系是亲密还是疏远，是意见一致还是存在分歧，尤其是在交谈的时候，一个人是喜欢你，还是排斥你，或者对当前的话题，对方是感兴趣，还是厌烦，都可以通过观察对方的腹侧来加以分析和判断。

破案神探认为，腹侧，也就是人类身体的前侧，这一部位聚集着很多重要的器官，像眼、耳、口、胸等，因此它能够对自己喜欢或不喜欢的事物或人作出很准确的判断。当人们遇到自己喜欢或者不喜欢的事物或人时，不需要开口就可以将信息传达给对方，此时我们的腹侧就扮演着信息传递者的角色。遇见自己喜欢的事物、喜欢的人或者是感觉很美好的东西时，人们的腹侧就会慢慢倾过去，靠得越近表示喜欢的程度越深，这个时候人体所发出的动作就是腹侧前置行为；反之，假如遇到的是自己厌恶的或者丑陋、危险的东西时，人们便会不自觉地将腹侧朝不同的方向偏离，表达某种不认可的消极情绪。

第二节　手指传达什么信号

研究发现，喜欢展示手指的人通常很自信，言谈举止也总是很大方；而那些喜欢藏起手指的人就显得拘于小节。因此，从手势可以看出一个人是否自信。高度自信的人丝毫不会介意露出他的大拇指，或者摆出双手手指交叉放在下颌下方的姿势，其背后的潜台词就是“我很自信，一切都不会难倒我”。另外，很多人在表示夸赞的时候也会竖起大拇指。

破案神探分析，袒露的或竖起的大拇指通常表示认可与肯定，同时也给别人一种十分自信的感觉。一个人是否习惯于外露大拇指，不仅因为内心的自信，还与其身份地位以及当时所处环境的舒适度有一定的关系，因为大拇指往往象征着权威和地位，也正是因为对自己有自信，大拇指才会“跃跃欲试”地想要出出风头。

此外，能够表达自信的还有一种被称为“尖塔状”的手势。也许你还记得上大学时那些大学讲师在讲课时候的神情和状态，在强调某一观点或者需要大家集中注意力的时候，这个手势往往就会出现——左右手手指伸直合并，双手指尖相抵，手掌分开，看上去就像是一座教堂的尖塔，表达的是毋庸置疑。这一动作也暗示了一定程度的自信，同时往往也伴随着丰富的面部表情，配合多样化的手势，不知不觉间就增强了可信度，让大多数人信服。如果讲师把双臂自然垂放在身体的两侧，手指分开按压在桌面上，身体上半部分向前倾，这与尖塔状手势有异曲同工之妙，因为两者都是积极的强调动作，代表动作发出者心理上的某种优势。

相反，假如一个人不是那么自信，就很难做出这种表示自信的动作来。不自信的人往往会减少手部动作，也即我们在前文所说的肢体冻结行为，如藏起大拇指。肢体伸展代表自信，这一点在这里也同样适用，如果手指收缩起来，甚至完全隐藏起来，那么，在心理学家或懂得心理学的人看来，这样的手势就代表不自信，或内心压力的存在。

反之，如果担心别人随时发现自己的小秘密，就会在说话时变得小心谨慎，尽量减少手部的动作，以免招来不必要的麻烦，或者双手原本自信的动作就会瞬间停止，大拇指很快消失并紧紧“蜷缩”在手掌里。如果你留意到一个人的手势有这样的变化，那么很有可能是由其内在突变的心理状态引起的，或许是遭遇了一件十分糟糕的事情，或许是说了一句不该说的话，导致身体在瞬间感觉到了不适。

通过观察手势除了可以看出一个人的自信心理之外，还能够透视出其接纳心理。破案神探在与嫌疑犯交谈的时候，往往很注意观察对方的手势，以便判断彼此间的关系是否融洽等。比如在对话的过程中，对方如果将两手交叉、双肘支撑在桌子上，这就表明他心里产生了与你相反的想法，有拒绝你的意思，那么此时并不是提要求的最佳时机。表达类似拒绝的姿势还有一手握拳，另一只手的手掌不停地拍击着拳头；除此之外，如果对方把指尖放在鼻子上，并且不断地重复触碰，这同样代表分歧意见的产生，也是试图打断你的征兆；倘若他的手指是放在鼻子的下面，则代表心中产生了不愉快；将手放在上衣的口袋里或者是裤兜里，代表的是一种戒备心理的产生，同样暗示着拒绝。

不过，如果你发现对方将双手摊开放在桌子上，或者是手腕不停地转动着，这不仅表示对方对目前话题的兴趣很浓，也说明对方的心情正处于极度的放松状态，并且已经在内心接受了你。因为对当前的话题产生极强的共鸣，在积极心态的作用下，对方的手势都会发生积极的转变。

一般来说，手掌摊开代表真诚与接纳。曾经有心理学家做过一组试验，邀请了一群学生在一起相互访谈，在这个过程中，一半的学生被要求将双手放在桌子的下面，另外一半的学生被要求将手心摊开，放在比较明显的地方。一段访谈过去，经过对参与谈话的学生的采访发现，手放在桌子下面的学生给人的印象都不是很好，理由是不够真诚，戒备心理太强；而手心摊开向上的学生，就给人真诚大方的感觉，他们说的话也被认为很有说服力。在日常交往中，手心向上是在暗示对方“我是真诚的”“我对你坦诚相待”。有时候手心向上也是一种自信和强调的手势，尤其是授课的时候，很多老师都会做出这样的手势加以肯定。

而在牵手或握手的时候，我们也可以通过手心向下还是向上判断出谁是强势一方，谁是弱势一方。也就是说，手心朝上的一方往往处于弱势，而手心朝下的一方则较为强势。

第三节　来自手臂的心语

手臂想表达什么

手势传达了人们真实的内心信息，我们如果把观察的范围再扩大一点，就会发现，手臂的整体姿势也昭示着某种独特的心语。

当人们遭遇消极的外界环境或者是消极的内心情绪时，手臂会向内收缩，以便保护自己不受伤害，而绝对不会向外伸展。举一些比较常见的例子，当一个人感到寒冷的时候，他会用手臂紧紧地将自己环抱起来，还会用双手在手臂上来回摩擦；肚子疼或胃痛的时候，用手臂压在肚子上或胃部便会减轻疼痛。这些都是在遇到威胁、内心遭受困扰时，大脑命令我们“不要离开”，手臂就会乖乖地保护着我们的身体。

日常生活中，很多人会做出抱臂的姿势。一般来说，抱臂这个姿势主要有以下几种：第一种是双臂环抱，双手自然放置于两肋之间；第二种是手臂环抱，双手抓住手臂；第三种也是手臂环抱，但拇指在腋下露出；第四种是双手握拳式的手臂环抱；第五种是在女性中较为常见的类型，即单臂环抱，一只手紧抓着垂直的手臂的肘部，这个姿势表达的是羞怯、紧张等情绪。

不管手臂以怎样的姿势环抱在胸前，它最基本的含义是表达拒绝。因为手臂放在胸前的最原始的目的是保护自己的身体，该意义源自最初的母亲的拥抱。婴儿在小的时候常常会被母亲抱在怀里，被母亲的怀抱温暖着、呵护着，久而久之，这样的姿势就代表了一种安慰，一种在面临危险时的保护，尤其是后来逐渐演变为自我环抱的姿势以后，它开始表达一种自我保护，一种自我空间的需求，不愿意被人侵犯。

横在胸前的手臂本身就暗示了一种形式上的阻碍，在面前架起一道“隔离屏障”，表示此时的自己是不愿意与人交流的。同时，这样的“隔离屏障”也在双方之间造成了一种距离，即便这个时候你的嘴角上挂满了微笑，但是你的双臂已经在暗示对方，你希望与对方保持距离。尤其是在对话的过程中，做出抱臂动作的一方的心里往往已经出现了反对意见，该姿势表达了拒绝或者对当前话题毫无兴趣，暗示对方：“我不同意，我不感兴趣。”实际上，这是一种情绪的抵抗。一个人在情绪受创时，内心会极度悲痛，此时，他最喜欢做的动作或许就是下蹲，然后用自己的双臂紧紧环抱自己，整个身体缩成一团，默默地躲在角落里，如果你想安慰这类人，最好的办法就是给他一个拥抱。

手臂的领地占领与捍卫

手臂不仅可以传达内心的情感信息，还可以作为领地的标记和捍卫者。我们在日常生活中几乎处处可见这样的表现，如很多人在走路的时候喜欢大幅摆动双臂，这无形中就为自己争取到了更大更多的个人空间；乘坐地铁时，有的人为了占领更大的空间，往往用手臂拉开架势，同时双脚叉开站立等。心理学家认为，对于自我空间或领地的占领，自信且地位高的人比那些不太自信并且地位较低的人有着更多的欲望和需求。例如，那些高度自信的人或者领导者坐在椅子上时，往往都会将一只手臂搭放在椅背上，以此暗示自己强大的自信心，这里只有他说了才算，等等。在男女双方谈恋爱的阶段，男方一般都会通过手臂来表示彼此间的亲密感以及对女友的占有。

留心观察就会发现，一些争吵中的人总是喜欢做“双手叉腰”的姿势，看上去气势汹汹，如果再加上愤怒的面部表情，俨然是一副“想要吃人”的样子，给人一种望而生畏的感觉。“双手叉腰”的姿势在一些权威人士身上也经常出现，如警察、军人、领导人等，不论是男性还是女性，摆出这样姿势的人表达的都是相对一致的信息：我的地盘神圣不可侵犯。大有独当一面、驾驭一切之势。如果在“双手叉腰”时，大拇指袒露在正前方，双肘顺势向外展开，那就表示好奇或担忧。相对于“双手叉腰”的动作，已大大减轻了其权威与气势，而更多的还是不安、担忧或好奇的心理状态。

实际上，“双手叉腰”是一个强有力的领地宣誓站姿，经常在男性中出现，他们在站立时往往两腿叉开，头部抬高，眼睛看向正前方或远处，表示地位上的优势以及自身领地的神圣不可入侵。许多身份特殊的领导人在站立时经常做出这样的动作，被称为“帝王站姿”。帝王站姿还有一个演变动作，即双臂背在身后，其他姿势不变，这也是典型的领地宣言站姿。

有一些人坐在椅子上，喜欢身体后倾，双臂打开，双手放在后脑勺上。这也是一种捍卫领地的行为。也有些人会在双手抱头的同时将一条腿跷在另一条腿的膝盖上，似乎在向你宣称："我很舒适，这是我的领地，谁都不能来侵占。"

另外，用双臂建立领地还有一种情况，那就是双臂微微向两侧张开，下倾的同时配合紧紧捏起的拳头，肩膀此时也会随之微微向上，这类动作往往在准备进攻的拳击运动员身上比较常见。这一动作一方面暗示领地的扩大，另一方面还会令自己看起来比以前还要魁梧健壮一点，从而增加了自身的威慑力，显示出势不可当的力量。

第四节　最诚实的心理专家

研究发现，位于人体最下方的身体部位很容易遭到忽视，但它却比其他任何部位都要诚实。没错，这就是人类的腿脚了，被誉为“最诚实的心理专家”。为什么这样说呢？实际上，几千年以前，当人类还不会说话、还不能灵活运用手臂的时候，腿和脚就已经能够敏捷地应对外界的威胁，并且几乎不需要任何理性的思考，就可以作出相应的反应：是逃走，还是留下来反抗。正是因为腿脚能够精准地反映出一个人的内心情绪，因此，在面临危险或不认同的事物时，我们的腿脚总是能够在第一时间作出最诚实的反应。心理学家建议，要想准确地读透人心，最好不要忽略了他的腿脚动作。比如，一个说了谎话的人，因为担心被识破，会做出一些小动作来缓解内心因担忧产生的压力，而表现最为明显的就是腿脚。

“快乐脚”与“转向脚”

日常生活中，如果一个人不高兴了，或是与别人的意见出现分歧了，很少会在面部表情上明显表现出来，但腿脚就不一样了，因为它经常被忽视，所以不用担心露出破绽，又因为它本身就比其他身体器官更擅长传达真相，所以，这种情绪会第一时间在腿脚上表现出来。就好像很多女孩在生气发脾气时喜欢跺脚一样，似乎全部的怒气都被一脚一脚地踩在脚下；又如，那些内心欢快的人，总是会不自觉地踢动着双脚等。

人在欢乐时刻，总是按捺不住内心的情绪，女性往往会跷起二郎腿，一只脚不停地上下踢动，甚至挑起自己的高跟鞋一起做运动。这种表达兴奋喜悦情绪的脚部姿势被称为“快乐脚”。

我们能够通过观察脚步动作得知对方内心的喜悦之情，那么，同样可以由此看出其内心的不快。这就是“转向脚”向我们泄露的秘密。所谓“转向脚”，其实就是脚尖的指向发生转变的姿势。研究指出，脚尖的指向通常是当事人内心深处最认可的方向，“转向脚”的突然出现，也就意味着分歧或不适感的出现。如果是一对相对而坐聊天的人，交谈愉快的双方的脚尖往往都是朝向对方的，但分歧一旦出现，脚尖很可能就会发生转变，且转换之后的脚尖就指向了他下一步将要前往的地方（如出口处），暗示其即将离开。

何时最融洽

脚尖指向当前正在对话的人，表明两者的关系不错。在人际交往的过程中，留心观察对方的腿脚传达出来的信息，有助于我们及时把握对方的心理变化，进而提高交往的自如程度和舒适程度。此外，双脚交叉站立也是交谈融洽、情绪放松的暗示。这种姿势是将一只脚放在另一只脚的外侧，脚心不接触地面，重心集中在另一只脚上，表达了在社交中的高度舒适感。人在独处时也很容易摆出这样的姿势来。大脑告知外界环境安全，不用防御时，腿脚就会处于一种完全放松的状态下；而一旦形势有变，腿脚也会立即改变姿势，两只脚牢牢地放在地面上，这样才会有足够的安全感，并有足够大的力量保证在紧急情况出现时立即作出反应：是远离还是逃跑，是保持距离还是反抗。

而这时“起跑脚”就出现了。所谓“起跑脚”，就是一只脚的脚跟从原始的水平位置逐渐抬升，看上去就像是运动员在起跑时摆出的姿势。这样的脚部动作代表的含义是：我对这样的话题不感兴趣，或者是我还有更重要的事情需要处理，我想要离开了。假如是两个面对面交谈的人，两条腿一前一后放置，靠后的一只脚的脚尖踮起，并且身体向前微倾，两只手分别按在膝盖上，那么，毫无疑问，这是他在向你发出自己将要离开的信号了。

腿脚的领地占领和捍卫

和手臂一样，腿脚也有自己的领地占领与捍卫方式。心理学家认为，叉开的双腿意味着领地的不可侵犯，当一个人产生压力、威胁、不安的情绪时，会很在意自身的空间，同时也会用各种姿势来强调自己领地的重要性。叉开的双腿表现的不仅是对领地的捍卫，也是双方对峙局面的标志，并且双腿叉开的幅度越大，说明双方之间的矛盾也就越大。如果一方的双腿由原来的并在一起突然转变为叉开的姿势，那么，你就要考虑到对方情绪的变化了，并注意在接下来的对话过程中要采取什么措施来缓解这种局势。

既然叉开双腿可以占领更多的领地，那么，领地一旦扩大，权势的范围也就跟着变大了。一个人若想在众人面前树立威严，叉开双腿站立，加上一脸严肃的表情，不失为一种很好的途径，如长辈在训斥晚辈的时候，为了增加威严，长辈往往将双手背在身后，叉开双腿，一脸严肃的表情，此时晚辈一般都不敢顶嘴。

但关于这个动作，也有一些细节值得注意。叉开双腿站立时，因人而异会出现一些不同的站姿，如有些人喜欢叉开双腿、两腿一前一后放置，也有的人喜欢叉开双腿、两腿水平放置。一般而言，前者内心缺乏安全感，这种一前一后的放置方式是为了缓解他们心中的不安和紧张情绪。这种人不善于沟通，在人际交往中比较被动，戒备心理也很强。后者在性格上比较主动，人际关系好，对自己也有足够的信心，但这类人无法坦然接受他人给出的意见和建议，有种气势逼人的感觉。

第五节　坐姿与行姿泄露性格

坐姿帮你识别人心

不同的人有不同的坐姿。研究发现，一种坐姿暗示一种性格。比如，有人说话时总是上身端正并微微前倾，同时双脚并拢，脚掌撑地，这种姿势暗含的意义是他很愿意与你有进一步的交流，并时刻准备着回应你。这类人行为正派，热情友好，但往往过于较真，比较保守。如果坐着时双腿与双脚都紧紧靠在一起，两只手也比较端正地摆放在膝盖上，这种相对保守的坐姿，表示这个人的性格内向，感情世界偏于封闭。

也有人坐着时将两膝盖紧靠，脚尖合并在一起，同时脚跟分开，有时还会将手掌按在膝盖上，这种坐姿表示当事人已经很不耐烦了，但出于礼貌，也不好立即起身离开。这类人具有很强的洞察力。如果大腿合并在一起，小腿和脚跟分开，脚尖也紧紧合并，双手手背靠拢插在两膝盖中央，通常只是比较害羞的表现。

一条腿放在另一条腿上，类似于我们平时经常见到的“二郎腿”，这是一种相当放松的姿势，显得比较自信。假如在此基础上，两条腿互相勾住，那么自信心就大打折扣了，不仅显得不自信，看起来还很拘谨，表示在与你交谈时他一定是有所保留的，可别指望他说的话全部都是真的。如果谈话双方相互欣赏，一般是不会出现“二郎腿”的，因为跷起的“二郎腿”有拒绝的嫌疑，膝盖与膝盖相互指向，有入侵对方领地的意味。

在前文中，我们简单提及了“脚踝紧锁”的动作。破案神探认为，一个人一旦遭受威胁或压力，肢体动作就会减少，甚至出现冻结，这种现象在嫌疑人身上表现得尤为明显。不过，脚踝紧锁的动作也很容易出现在女性身上，尤其是那些穿短裙的女性。但需要注意的是，如果一个人脚踝紧锁的动作持续时间过久，则很有可能在刻意掩饰什么，此时应当小心他刚刚说过的话。

坐着时喜欢双腿伸直，脚踝部交叉放置，有时还会将两手叠在一起放在大腿上，或者很自然地平放在膝盖上，这样的姿势很明显是在告诉你他在情绪上有不安，紧张或者是兴奋，也可能是焦虑，假如是男性，往往紧紧握拳并放在膝盖上。这类人内心防范意识较重，控制欲也比较强。

人在坐着的时候，动作不可能始终保持不变。有的人往往还会晃动大腿，整个腿脚都跟着抖动起来，这多半是内心喜悦的表现；如果脚尖着地，腿部做有节奏的上下抖动，这其实也是喜悦的表现。但如果不分场合，无节制地做这样的动作，说明这个人比较自私，很少顾及他人的感受。不过，从另外一个角度分析，抖动的腿脚也暗示了一定程度的紧张不安的心理的产生，假如在某个问题出现时，抖动忽然出现，或者先前有节奏的抖动变得无规律和慌乱，或者是立即停止了，这就代表有效刺激源的出现，这个问题让他变得不安。破案神探指出，能够引起当事人动作改变的问题，往往具有深究的价值，如果是在审讯或测谎过程中，就可以顺势深入发问，直到找到真相为止。

当然，坐姿也存在男女的差异。一般而言，女性在坐姿方面往往比较注重礼仪，她们会使自己整体看上去很有淑女风范，典雅大方，双腿最佳的摆放姿势是：双腿以比较随意的形式叠靠在一起，并且同时倾向一边保持平行状。这样做不仅显得易于亲近，还展示了女性特有的优雅气质。

而多数男性在坐着的时候喜欢双腿交叉，将一只脚的脚踝放在另一条腿的膝盖上，两条腿拼成了“4”字的形状。这样的姿势之所以在男性中比较常见，是因为该动作在一定程度上凸显了男性引以为傲的生殖器官，由此还被认为是一种“示威”的表现。它代表的是争辩与获胜，有的人甚至还会在此基础上用一只手抓住抬起的那条腿。研究发现，摆出此种姿势的男人往往很有主见，但也不免偏执和固执己见。

走路的姿势也可昭示人心

两个性格差异较大的人在走路时表现出来的姿势也有很大的差别。俗话说得好，“言为心生，行为品性”，说的就是一个人的谈吐透露了他的内心世界，举止行为是其性格的写照。如果抛开一些刻意修饰的行走步态，一个人自在的走路姿势是其心理个性较为集中的映射。在步态里我们能够看出一个人的心境，还能看出其基本的性格特征。生活中较为常见的走路姿势主要有以下几种。

疾行急走，快速而敏捷。喜欢这样走路的人内心往往有令其焦虑的事情，想要借助疾走的方式来缓解、控制和消除内心的焦虑情绪。急走的步态多见于女性，她们往往采用细碎的步伐，显得慌张急促，容易改变方向。这类人性格急躁、坦率，喜好交谈，对待朋友比较诚恳，不会做出背叛友情的事，喜欢挑战。

喜欢昂首阔步走路的人，往往具有强烈的自信心，凡事总是习惯以自我为中心，对待人际关系很淡漠，关注自我。但是他们极富组织能力，做事有条不紊，思维敏捷。还有的人在走路时会大摇大摆，旁若无人，这样的人也是比较有自信的一类人。但往往由于过于自信而自负、自夸、骄傲、目中无人。如果走路时习惯左右观望，则属于胸无大志，爱占小便宜，喜欢独处，行为迟钝的一类人，这类人在工作上不会有很高的效率，朋友也不多。

有些人喜欢在饭后散步，其实散步本身就是一种身心放松的步态，处在一种十分松弛的精神状态下，是一个人用来消磨时间的步调。行姿有如饭后散步的这类人喜欢紧张后的全身心放松，他们喜欢闲逛，信步而行，也没有固定的方向。这多半显示出他们内心的闲逸，有种踌躇不前、游手好闲、懒散、徘徊的感觉。如果步伐平稳，有脚踏实地的感觉，那这样的人就比较务实，做事精明但不好高骛远，不会轻信于人，也不会轻易许下诺言，一旦许下就会努力实现，是值得信赖的人。

行色匆匆，步态轻盈、快速，经常改变方向。习惯用这种方式走路的人大多精力充沛，有时候会显得急躁不安，但他们敢于应对生活中的挑战，做事注重效率，干净利落，有较好的适应能力。

行走时习惯上身前倾的人，一般个性比较平和，谦虚谨慎，重情义，不会只说不做，看似冷漠的外表下其实是一颗充满热忱的心。走路时将双脚重重地落在地上，俗称“掷地有声”。一般而言，这样的人胸怀大志，有较强的积极进取精神，考虑事情往往情理兼重。

拥有慢跑型的行走姿势的人属于比较典型的现实主义派，有务实精神，不会好高骛远。他们一般不会轻易相信别人，一旦相信就会特别重信义、守承诺。

很多女性在走路时习惯摆出款款摇曳的姿态。用这种姿势走路的女性在公共场合一般比较受欢迎，她们往往平易近人，坦诚热情。也有一类人走路时步姿轻佻，身躯漂浮，俗称“吊脚型姿势”。这类人为人狡猾，不可轻信，他们往往很聪明，付出的同时必会高价索取回报。

走路时步伐整齐，双手也会有规则地摆动。这类姿势多在军人或接受过军事训练的人身上出现，因接受过训练，因此大多有较强的意志力与组织能力。他们往往固执武断，不会轻易被感动，理想与目标总是很明晰、很坚定，会一直努力向着目标的方向前进。

如果双脚向内或向外勾起，呈现出八字形状，看上去摇摆不定，走起路来显得急躁用力，没有耐心。这样的人一般不擅交际，有聪明的大脑，行事不动声色，有保守、虚伪的倾向。

在生活中我们也经常会见到一些看起来比较做作的行姿，如走路时像杨柳扶风，前瞻后顾，左摇右摆。这类人一般喜欢故弄玄虚，装腔作势，不可信赖，气度小，没有责任心，是阿谀奉承之辈。

也有部分人在走路时喜欢将双手插进裤袋，双肩紧缩，有时候又会双手伸开，昂首挺胸，姿势以自身舒适为主，比较随便。这样的人有豁达、不拘小节的胸怀。

如果走路时将双脚平放，双手也会自然摆动，不做作扭捏，这样的姿势看起来比较斯文自然，但是这样的人行事胆小保守，不会创新，过于沉着冷静，没有远大的抱负。

试想，如果我们在大街上看见两个男人，一个是一米八以上的男性，他走起路来扭捏不定，前瞻后顾；另外一个是身高不足一米七的男人，走起路来步伐稳重，铿锵有力。一般情况下，对于这两者的印象分，后者是要远远高于前者的。

大多数人走路时的姿势是受意识、气质、先天基因遗传以及后天的整体素质、生活环境（如职业要求）等综合因素影响的，但不管是什么样的人，在走路时总会露出某些端倪，让旁人识别出其本来面目。以行姿看内心、测性格，似乎已经成了社会上许多用人单位和大型企业以及现实生活的人际交往中很有效的识人手法之一。沉稳的人内心坚定，步履也就显得稳重；而浮躁的人心不定，步伐自然也就很难显得平稳。所以，千万别小瞧了一个人的步伐，那是其性格的外观显现。

第四章

听出弦外之音

日常生活中，常常有很多人能够通过一个人的声音就辨识出他是谁，还能听出这个人的情绪是高涨还是低落。在破案神探看来，说话的声音包含了很多个层面，如声调的高低、语速的快慢等，从中可以把握对方的情绪变化和心理状态，甚至还可以解读出他们的性格特征。你想知道如何由声音听出性格吗？在语速的快慢中隐含了多少心理秘密呢？一个人喜欢谈论的话题也能表现他的性格吗？口头禅是否也能泄露某些不为人知的心理秘密呢？

第一节　听声音——得知其性格

声音大小的心理学秘密

在人与人的交谈过程中，声音和话题能够提供许多重要的信息。其中包括声音的高低、语气语调的转变、语速的快慢以及话题等，都是阅人的有效线索。

一个人说话的声音往往要受到其内心性情的影响，所谓“闻其声，识其人”，就是这个道理。比如，那些喜欢大声说话的人，往往具有较强的支配欲望，以自我为中心；而那些说话声音小的人，就比较内向，习惯压抑自己的感情，通常很少将内心的情感袒露给别人。当然，一个人说话的声音也与其心理活动分不开。

首先来看看那些习惯大声说话的人的性格。这类人性格外向、爽直，有什么说什么，从不想拐弯抹角，也从不愿说假话，因此得罪的人不少；但他们待人真诚，为人正直，有很强的组织领导能力，责任心也强，值得信赖。他们如果有幸站在领导的位置上，才能会得到充分发挥，事业也会大有成就。

相对而言，那些总是小声说话的人就比较内向了，他们一般缺乏足够的自信心，这类人只在熟悉的人面前才大声说话。这与其性格有一定的关系，这类人和喜欢大声说话的人往往相反，领导能力不强，如果是男性，则很难在事业上有所建树。但是，在这类人中间有一部分属于小人型，表现为城府深，有心计，阴险且缺少气度，常会因为一些细枝末节与人争吵，也常常为达目的而不择手段；他们很难与他人交心，比较势利。

破案神探们经常审讯一些嫌疑犯，在与之对话的过程中，他们不仅关注其一贯的说话声音，更对嫌疑犯突然之间的声音变化特别在意。与动作的突然减少、停止或增多的道理类似，这可能意味着有效刺激源的出现。据此分析其心理变化，不失为一条有效的线索。

如果说话的时候声音忽然变小，说明其内在情绪在起主导作用。这类人的心理承受能力很差，缺乏自信心，而在情绪受到刺激之后，思维变得混乱，声音也逐渐变小，希望以此来掩盖某些事情。

如果在谈话的过程中，一个人说话的声音忽然间变得很大，很可能是发现了一个新的问题，并且对这个问题也很有把握。这样的人说话做事通常很有耐心，善于思考问题，能够仔细倾听对方的话；但他们也比较固执，只要是他们认定的某一观念或思路，一旦对方表示反对或没有完全按照他们的意愿执行，那么，很可能一场争执就要发生了。

语气里的心理学秘密

所谓语气，反映的是一个人对某一种行为或某件事情的看法与态度，包含思想感情层面和具体的声音形式两大方面，它存在于一定情境下的语句之中。实际上，一个人要想表达的意思、态度，说话的语气大都将其显露无遗。而我们说的每一句话其实都有语气，哪怕是一句听起来似乎任何语气都没有的话，事实上也有其特定的语境效果。

根据语气的不同，可以探知一个人内心的情感变化，还能够得知其性格特征。破案神探因为工作的需要，接触过的人数不胜数，经过研究，他们把生活中比较常见的语气分为以下几类。

第一类，温和而沉稳的语气。这类人一般有很强的耐心，目标明确，做事能够坚持不懈，初次交往时会给人疏远的感觉，但随着时间的推移，便会发现他们其实也颇为忠厚老实；如果是女性，那她多半是一位性格内向的人，善良、有爱心，乐于助人，不会过分看重个人利益。

第二类，低声细语的语气。说起话来低声细语的人非常小心谨慎，总是与人保持着距离，性格优柔寡断、内向，不善表达，但却宽以待人；在交谈中如果声音越变越小，那就表明他们喜欢在他人背后搞小动作，是应该防着的一类。

第三类，声音沙哑，感觉有点沧桑。这类人说话听上去似乎带有磁性，但与磁性还是不太一样的。不论是男性还是女性，这类人似乎都比较具有艺术天赋，对色彩极为敏感，善于服饰的搭配，在异性之间有很好的人缘，却不易被同性喜欢。他们总是很会伪装，即使是面对自己不喜欢的人，也会表现出很喜欢的样子，而实际上则是在逢场作戏。声音沙哑的男性常常富于冒险精神，在事业上有股很强的干劲，由于他们的耐力和行动力较强，所以又有“不达目的誓不罢休”的韧性，能够发现并发挥自己的优势。

第四类，说话声音嗲嗲的，语气很轻柔。这类人的性格并不一定像其声音一样柔弱，但如果是在单亲家庭成长的孩子，内心往往会很脆弱，希望被保护。女孩子有这样的声音往往很容易激起男性的保护欲望；但如果是男性，难免有阳刚之气不足的嫌疑，有点女性化，个性内敛被动，在做决定时往往优柔寡断，不够果决。

第五类，说话语气坚定而有力。语气坚定有力的人性格坚毅，做事讲究原则，善恶是非分明，胸怀坦荡，为人也如声音一样。这类人中不乏领导者，但顽固不化、不善变通之人也很多。

第六类，语气凝滞而深沉。喜欢用这种语气说话的人成熟稳重，有责任心，并且能够处变不惊，学识渊博，性情耿直，自尊心很强，思想也成熟；但也不排除临时受内心不快情绪的左右而如此。

第七类，唉声叹气的语气。这类人往往是在不顺的环境影响下产生了自卑和消极情绪，心理承受力差，稍有不顺就会连声叹气，言谈中总是左叹一口气，右叹一口气，但又发现不了自身存在的问题，因此才会抱怨连连。

实际上，语气远远不止以上七种，并且在实际的生活中，语气也不是一成不变的，外界的因素以及情绪的变化都可能引起语气的转变。善于根据谈话对象改变语气的人，多属圆滑之人，他们懂得在人际关系中八面玲珑，随时转变角色，正所谓“见人说人话，见鬼说鬼话”，大概就是这样。

职场中会有一些对上司毕恭毕敬、和颜悦色，面对下属又是另一番模样的人，他们会将从上司那里受到的不公待遇、产生的压抑情绪转嫁到下属或其他人的身上。事实上，这类人内心往往有很深的自卑感，因此在对待他人的时候攻击性也比较强。此外，语气的突然转变也有可能是为了强调某一观点，或者是提醒对方注意。

第二节　听语速——了解其内心

说话的速度是因人而异的，这与说话者的性格及其当前心态有关。交谈本身是思想层面的交流，是情感、心理及态度的一种流露和表达方式。因此，语速，即说话速度的快慢是一个人心理状态的体现。

研究发现，那些说话语速很快的人，多半是思维敏捷之人。他们往往想到什么说什么，属于心直口快的一类人，这些人说话时，旁人是很难插上话的。他们的性格也属于外向型，有较好的应变能力，能说会道，善于交际，但是他们往往心里藏不住秘密，因为心直口快，常会一不小心就说了出来，脾气暴躁易怒。

说话平缓、慢条斯理的人，多半属于慢性子，哪怕再着急的事，他也是不紧不慢地将一段话说完，语气中根本就听不出焦虑的情绪，不仅自己思路清晰，听的人也有时间消化理解。这样的人一般比较善良、温柔，懂得体谅和关心他人，富有同情心与亲和力，做事讲原则，有自己独到的见解；但是，他们的思想通常会比较保守，没有创新意识，甚至排斥新事物。由于受慢型性格的影响，思维也常常不够敏捷，应变能力不佳。

当然，一个人说话的语速不可能一直不变，如在极度兴奋的时候，有些人的语速很可能就变快了，而在极度悲伤无力时，语速也会随之变得缓慢。

一般情况下，语速的突变代表着心理状态的转变，尤其是遭遇负面刺激之后的心理变化更加具有研究的价值。一个人在说话时所流露出的思想情感，很大程度都体现在语速中。因此，语速能很好地表现其当前的内心情绪，并且语速的缓急、快慢基本上都是一个人惯常的说话方式，那么，当语速发生微妙变化的时候，也就是说话者内心情感变化的外显之时，从中可窥见其心理情绪上的波动。

有些平时沉默寡言的人，如果语速突然变快并且口若悬河，这或许是其极大的心理压力造成的。心理学认为，性格内向的人要么不爱说话，要么就说个不停，因为长期的内向性格积累了一定的心理压力，在寻找到适合的倾诉对象时，他们往往会狠狠发泄一通，在某种程度上，这属于安慰行为的一种表现。

一向说话快速、流利的人会突然变得缓慢，甚至吞吞吐吐起来，表明这个人的心里一定装有不可告人的小秘密；同样的道理，一向说话缓慢、有条不紊的人忽然加快了说话的语速，甚至开始有些语无伦次，也一样是压力心理在作祟。聪明的人就应该知道，这个时候他说的话另有隐瞒的可能性是最大的。

不过，有的人在面对滔滔不绝、伶牙俐齿的谈话对象时，也许会突然变得吞吞吐吐，甚至是说不出话，一副口拙木讷的模样，这其实是自卑心理在作怪，对自己失去了信心，才会吞吞吐吐、遮遮掩掩。就像一个原本幽默风趣的男生，面对别人都是谈笑自如，语速正常，但唯独在面对自己喜欢的人时，马上就变得结结巴巴、吞吞吐吐，甚至都不知道说什么好，这是因为过于在意对方，心理紧张引起的。

当然，在一些特定的场合，如教师上课或作演讲的时候，语速的变化往往是为了表达强调，或引起注意。

第三节 听话题——把握其性情

话题是谈话的必要组成部分，通过话题可以了解到说话者内在的心理和想法，这是了解一个人的重要线索。一个人内心的真实想法往往会因为现实的种种限制，而不能选择直接表达出来，可谈论的话题就不一样了，看似正在和你聊天，而实际上他是“醉翁之意不在酒”。因此，破案神探们经过长期的实践，总结出另外一个窍门，就是根据话题来揣测一个人的内心以及他的内在品性。日常生活中谈论的话题有很多种，破案神探们经过分析，总结出了一些出现频率较高的话题，凭借这些话题来窥探说话人的真实想法。

第一，喜欢谈论日常琐事，是热爱和享受生活的表现。日常琐事是非常常见的一个话题，有这类习惯的人多是三五成群的女性朋友们，她们时常聚集在一起，抱怨的、委屈的、欢快的、伤心的、有趣的等，几乎都可以成为谈论的话题。此时，大家的心情一般都是很放松的，并希望借助闲聊的机会来释放一下情绪。

如果从另外一个侧面分析，这些人其实很热爱生活和享受生活。类似地，也有一些人喜欢计划未来，言谈中涉及未来的计划比较多，尤其是畅想未来的美好，仿佛对明天有着无尽的憧憬与期待，他们也同样热爱生活。

第二，喜好谈论隐私，是内心空虚的表现。有一类人很喜欢在人后一起嚼舌根，专门谈论和窥探他人的隐私。这些隐私性的话题大多不适合公开谈论，但他们很乐意把这些当作娱乐的一部分，其中包含小道消息，或者添油加醋的成分。这类人习惯将他人的隐私，甚至是丑闻，当作自己心灵的慰藉，以由此产生的某种程度上的优越感为快。因为他们往往内心空虚，与他人缺少交流，又有强烈的支配欲望，但却没有支配的能力；有时候甚至还喜欢随便散布小道消息，也不管消息是否属实，三三两两聚集在一起互传消息，甚至扭曲事实。

正因为他们内心空虚，又存有侥幸心理，才喜欢用这样的方式来引起大家的关注。如果是初次见面就大谈隐私，尤其是那些声称“掏心掏肺”的人，往往心里在打着自己的小算盘，并不可信。他们既然在不熟识的情况下可以对你如此，那么对别人也未必不可，刻意套近乎，往往带有某种目的性，不可深交。

第三，喜欢探讨学问，有自我夸耀之嫌，未必有真才实学。有的人因关注自己在他人眼里的形象，特别喜欢以自身“渊博”的学识为话题。男人们也许以为，只要在女人面前显示自己的学问有多深、见识有多广，就会增加自身的吸引力，得到女人的倾慕。殊不知，这样反而会给人留下爱显摆，爱慕虚荣，眼高手低，说得多、做得少的印象。有上进心是没错的，但是还要积极行动起来，这样才会有所作为，否则就只能眼睁睁地看着机会从身边溜走。

第四，喜欢谈论金钱的人往往注重金钱的支配与权衡。喜欢谈论金钱或金钱观的人，往往对金钱都有较强的支配欲望，内心存在某种优越感，而这种优越感往往来自金钱。在他们眼里，要么把钱看得很重，要么就是以为别人亲近他们都是因为他们的钱。金钱对于这类人来说，不仅是日常消费最基本的保障，也是衡量其身边人的标准之一。

第五，喜欢谈论自己，属善于表现之人，虚荣心较强。有些人往往喜欢把自己置于谈话的中心位置，不管双方所谈论的话题是否严肃、是否只是公事上的交流，他总是会在不知不觉中谈及自己，并且也很喜欢别人谈论关于自己的种种事情（包括个人经历，或者家庭的琐事）。这样的人一般都偏外向，善于表现自己，有较强的虚荣心和自我意识，他们往往不会拒绝任何能够展现自己的机会，有较高的自我评价。

第六，喜欢研究国家大事，是目标明确之人。习惯于关注国家大事的人，与他人谈话的内容往往万变不离国家的政治现状，他们关注国内新闻，并且还热衷于发表自己的独到见解。这类人的内心有很宏大的目标，有独特的眼光和自己的价值观，视野开阔，不会因眼前的小利而忽视了长远规划。他们还会为自己建立一个广大的人际关系圈，不是说他们有多么圆滑，而是想借机获得更多的知识，了解更多的事情。

不过，在对话时，谈论的话题并不是一成不变的，不时会出现话题与话题之间转换的情况，有时还可能一次出现多个话题。这时就要注意：话题与话题之间转换过快、过多、过于频繁，常常会造成混乱。谈话者一方面可能是想一股脑儿地谈论更多的东西，好显示自己渊博的学识；另一方面也有可能是因为被转换的话题是他们不愿意提及的，通常表示有所隐瞒。

这类经常转换话题的人常常会忽略对方的感受，思想不够集中，缺乏逻辑性，不够尊重对方，总是自作主张地变换话题，说着说着就插进来一个新的话题，内心有较强的支配与领导欲望，希望别人跟着自己转，也让人觉得话题不明确，不知所云。假如他们是想借转移话题来避开自己不愿谈及的事情，那么这样的人就有点自私自利，很少顾及别人的感受。当他们不愿意谈论当前的话题时，很可能是在刻意回避一些事情。回避则意味着某种心理变化，需要根据具体情况作判断。

当然，也有的时候，谈话一方会在突然之间抛出一个很敏感的话题，用试探性的语气迫使对方作出果断的选择。这样的话题往往会使被试探一方感到为难，需要经过比较慎重的考虑才能作出回答。这样的试探多会出现在庄重的场合，如恋爱男女之间常会使用这样的方式来试探并考验对方，谈判者也会在关键时刻使用这样的方式来探测对方的诚意。

第四节　听口头禅——解读其潜在人格

口头禅是一个人说话时经常使用的口头用语，在某种程度上是习惯使然。家长如果留心孩子的口头禅就能及时发现问题，领导关注下属的口头禅可以发现隐藏在背后的潜在问题……可见，透过口头禅，可以帮助我们洞悉一个人的心理和性格特征。

所谓口头禅，是一个人在养成习惯之后，经常会脱口而出的一些习惯用语，很多都是下意识而为之，无法自制。口头禅的由来可以追溯到佛教，原本是指一些尚未得道的和尚经常把一些玄而又玄的禅语挂在嘴边，似乎自己真的得道了一样。因此，口头禅本身是贬义的。而演变至今，口头禅已成为人们日常生活中的习惯用语的统称。

每个人都有具有自身特色的口头禅，即便是同一句口头禅，从不同人的嘴里，不同的环境中说出来，收到的效果也是不一样的。口头禅并非都是无心之言，它与心理的联系十分紧密，从中我们完全可以探测一个人的内心状况，在不同的口头禅里潜藏着不同的心理和性格。

调查发现，最大众化的口头禅是“随便”。如果从心理学的角度分析，“随便”暗含不在意，潜台词是：我决定不了，最后怎么样都和我没关系。实际上代表的是一种消极的心态。喜欢说“随便”

的人往往比较悲观，情绪容易消极波动。

喜欢使用“嗯、啊、噢”等作为回应的人，多半是不想做过多的答复，可能是为了增加神秘感，也可能是没有足够适当的词汇来表达。这样的人通常思维比较迟钝；有时也可能是因为性格腼腆、羞于表达。但“嗯、啊、噢”多半表示的是“中断”，属于“中断性用语”。如果在说话的过程中，突然插进这些词语后显得吞吞吐吐，那就有说谎的嫌疑了。

喜欢在句首强调“说真的”“老实说”“坦白说”“真的不骗你”的人，很可能已经在骗你了。说“说实话”的人往往并没有坦白说实话，这类人有一种害怕被误解的心理，性格急躁；经常说“不知道”的人内心本真，也流露出当事人面对某一问题时可能心里没底，所以就用“不知道”来做盾牌，反正不管是什么，只要说了自己不知道，就避免了别人进一步的追问。也可能是不想做过多的回答，而用“不知道”来加以敷衍。不过有的时候，它体现了一个人的天真和单纯。

说话喜欢用“听说”“据说”等词语开头的人，其潜台词是：我只是听别人说的，是否属实不关我的事；这类人大多比较圆滑，做事基本上都会给自己留有余地。说“其实”“不过”“但是”“另外”的人，实际上只是想转移话题，对当前话题不感兴趣或内心不安，难以面对等；这类人往往比较任性，喜欢为自己辩解，语气也稍显委婉，会说话，在人际交往中也不易被冷落。多用“肯定”“没错”的人往往对自己的所言不但很确信，而且还会以一个长辈的姿态告诚对方。说“是哦……然后”，其实内心充满了警惕；这类人处事小心，对这个世界虽然心有不服，但又不得不顺服，心有不甘，却又无力改变现状，只能在自我矛盾中面对他人和世界。习惯说“可能是吧”“也许是吧”等口头禅的人，有较强的自我防御能力，很少将内心的真实想法轻易暴露出来，在为人处世方面也冷静理智，因此，人际关系很好，常常以退为进。如果结果已经明确，他们还会说：“我早已预料到了。”

喜欢说“事实不是这样的”，是在否定一个人的前提下，暗示“事实是这样的”，然后他会用“其实……”开篇阐释自己的观点。这样的人一般内心脆弱，担心自己被误解、被忽略，但也比较有主见，有点任性。无论是在正式场合的谈话中，还是在私下的聊天中，他们在某种程度上对自己的认同度不高。这类人容易相处，往往被冠以“刀子嘴豆腐心”。

也有一部分人常把“凭什么、不公平”挂在嘴边。爱说“凭什么、不公平”的人大多有些神经质，内心长期处于失衡状态，一旦有触发情绪的事情发生，“不公平”的念头就会立马浮现出来。实际上，这类口头禅暴露的是一个人的心理状态，是长久的心理和思维惯性使然，常常是自己不平衡的心态在作祟。

言谈中过多地充斥着客套话的人，心里所想的往往与表面所说的并不一致，但因为他们懂得做人的道理，希望给人留下好印象，所以非常客套。而如果客套、阿谀奉承之语过多，则通常是“糖衣炮弹”，会让人在“甜蜜”里中招。面对这种情况，就必须要小心谎言的人侵了。

嘴巴里常常念叨“不靠谱”的人，他们往往内心不太自信，多疑、苛刻，有完美主义倾向。“不靠谱”其实就是觉得不能轻易相信，对一切都抱着怀疑的态度。这是一种无担当的心理，不敢对结果承担责任。这类人在与人相处时很难考虑身边人的感受，他们所谓的“不靠谱”实际上是在为自己担忧。不过，如果与这样的人相处，最好是把丑话说在前，“诚实”地告诉他：“我可不是不靠谱的人，但一些客观因素我也无法掌握”，并设法获得他的认可才好。

喜欢说“晕”“我去”之类口头禅的人，听起来有点俏皮。说话的人多半性格比较活泼，用夸张的方法表达一种心境。这类人往往不会太隐讳个人的情感和隐私，与人交往多会袒露心怀，更容易在潜意识中夸大事件。当然，如果只是在与比较亲密的人交谈时才会带上这样的口头禅，代表一种轻松愉悦的心情以及与对方之间比较亲昵的关系。

还有一部分人很善于使用不同的口头禅来进行自我解嘲。这类人心胸开阔，能够及时发现自身的缺陷和错误，并且敢于自我面对，接受他人的意见与建议，内心谦逊，礼貌待人，语多幽默；用口头禅来打破交谈中的僵局，这样的人大多希望赢得他人的肯定与认可，自我表现的欲望也很强烈，能够随机应变；善于用幽默的方式来捉弄他人或开小玩笑的人，心中往往装着快乐，并希望把自己的快乐传递给他人，为人多半不拘小节，开朗乐观；可是那些习惯用幽默的伎俩来讽刺和挖苦别人的人，则心胸狭隘，嫉妒心较强。

口头禅是一个人心理宣泄的通道，积极的口头禅能够起到激励人心的作用，但消极的口头禅则会起到副作用。消极的口头禅无异于是对自己进行消极的心理暗示，造成负面信息的强化，这将直接导致自卑情绪的产生，因此是不利于心理健康的。

比如，现代人常常把"郁闷"挂在嘴边，一出问题就"郁闷"。实际上，正是因为现代生活的快节奏和生活的压力，导致人们的心理压力过大，"郁闷"是真实内心的写照。把"郁闷"当口头禅，有时是郁闷情绪的宣泄通道，但过于频繁地使用，对心理调节并没有什么好处。再如，学生面对考试，白领面对裁员等，大家往往把"这下死定了""完了，完了……"等挂在嘴上。这是一种心理防御机制在起作用，即以某种心理的方式或手段将自身与现实之间的关系作出调整或改变，实现最佳的适应性，同时也缓解了心理上的紧张和痛苦，尽力保持一份平和之心。更重要的是，当结果出来之后并非那么糟糕时，也是对自己的一种心理安慰了——最起码没有预料的那么惨。

还有一种消极的口头禅，如"我不行的"，这就无形中暗示自己不行，否定了自己的能力；喜欢说"凑合着吧""真没意思"等消极口头禅，也同样会造成负面影响，不利于良好心理的培养。

生活中，常有一些带有刻板印象的口头禅，如"天下乌鸦一般黑""无商不奸"等。这种口头禅不利于良好人际关系的建立，还容易给人造成刻板的印象。所谓刻板印象，是指人们根据自己在社会生活中已有的经验来分析和评价所有的人和事，固有的看法和经验被加强并成为定式，长此以往，对身心健康和人际交往都是毫无益处的。

第五章

破解谎言密码

不管是审讯还是谈判，都应该凭借敏锐的观察力、卓越的辩论才能，以及缜密的思维。而破案神探在和对手的较量中，通常会耗费很大一部分精力去分析对方的心理和行为，因为只有找准了对方的软肋，才能一招制胜。那么，我们如何与对手开展一场有效的谈话？在谈话中怎样顺利走进对方的心？在对话的过程中如何通过观察细节来获得有价值的信息？怎样才能保持优势，并成功击垮对方的心理防线，获得我们想要的真相？

第一节　侧写侦查技巧

对于侦探来说，了解和读透他人的心理往往是出色完成任务的一个关键环节，尤其是分析那些嫌疑犯的性格特征及心理变化。这里面当然少不了出色的侧写师的参与，他们本身拥有的丰富的办案经验，大大提高了对犯罪分子的心理和性格侧写的准确度。

这里就不得不提及一位有名的侧写师——约翰·道格拉斯。这位曾受雇于美国联邦调查局的高级特工，主要从事犯罪学的研究工作以及心理侧写，并为犯罪心理学的实际应用作出了巨大的贡献，被誉为“现代福尔摩斯”。他曾对被关押的数十名重犯进行过访谈，并系统地总结出了一套犯罪心理侧写方式。

1978 年，FBI 正式批准行为科学部门为各地警方提供犯罪心理侧写咨询，约翰·道格拉斯也成了首位专职从事心理侧写的 FBI 探员，后来他协助警方破获了多起重大案件，还给 FBI 挑选和训练了另外一批侧写师。约翰·道格拉斯以他的聪明才智以及丰富的经验，探索出了凶残杀手的思维与作案模式。

1979~1981 年三年间，美国旧金山湾区一带的丛林里出现一名暴力男子，在那里跑步和徒步旅行的人经常会遭受到来自该男子的突袭。不久就有“林中小道杀手”的消息传出，使人不寒而栗。之后，接连有8名妇女和1名男子被杀害。当地警方曾一度认为，罪犯很可能是一名长相斯文、外表正直的男人，但是约翰·道格拉斯不这么认为，他在参与了案件侦查之后表示，这名凶手很擅长做埋伏工作，被害者几乎都是从背后遭受袭击而丧命的，并且身上还有多处被锋利的刀口划伤的痕迹，可见此人很可能有尿床、纵火以及虐待动物的生活史，他甚至还对一同参与调查的人员说，该凶手还有口吃的毛病。大家对约翰·道格拉斯的观点一直半信半疑，直到这名叫戴维·卡蓬特的杀人魔被捕，约翰·道格拉斯先前的预言才得到验证。

与此同时，亚特兰大地区也陷入了惶恐不安的境地，一个连环作案的杀手扰乱了居民的生活。1979~1982年，在黑人住宅区，或者是黑人居民较多的地区，总是会有一些黑人孩子的尸体被抛扔于各处，总共达22具之多。当地警方认为，这很可能是三K党分子或新纳粹党徒的行为，但是约翰·道格拉斯的看法是，该名罪犯是个单身黑人，年龄在25~30岁。理由是，在这些黑人聚居的地区，如果是外来白人所为，定会引起骚乱，而事实上该地区并无骚乱迹象。另外，凶手可能不是一个人，或者说最重要的是，罪犯还养着一条和警方使用的品种一样的狗，他是一个对警察工作极度热衷的家伙，可能还与音乐有着某些联系。预言在罪犯维纳·威廉斯被抓获之后，再一次被验证。

一次，美国联邦调查局收到消息，在阿拉斯加州的安克雷奇，妓女以及脱衣舞女接二连三地失踪，不久之后，她们的尸体又会在某些人烟稀少的地方被发现。警方发现，她们是被猎枪射杀的。约翰·道格拉斯同样参与了这起案件的调查工作，经过对某些细节的研究，并根据一名死里逃生的妓女的描述，他认为，作案凶手是一个瘦小之人，麻脸，有口吃的毛病，喜欢打猎，或许还在家里布置了一系列陈列室，来陈列他所打到的野兽的头颅，那些被害的女人们的头颅却不能被拿来展示，因此他很有可能会从她们的身上取下珠宝首饰等物品，然后把它们藏在某些地方。他还推论，凶手少年时期与女孩子恋爱，并经历了惨痛的失恋。后来，一名当地的面包师罗伯特·汉森被起诉定罪，他所供认的犯罪过程与约翰·道格拉斯之前的侧写几乎完全吻合。

约翰·道格拉斯会见过上千名残忍的罪犯，还穿他们的鞋子模仿他们走路，体验加害者当时所经历的现场，想象着罪犯在作案过程中的心理变化。实际上，FBI 特工正是通过勘查案发现场，继而鉴定出死者的死亡方式，接着寻找凶手在作案过程中遗留下来的痕迹，以此来推理出凶手的某些特征。很多 FBI 特工坦言，在办案的过程中，除了必须要遵守的众多规律之外，还有调查者的直觉与经验，它们往往起到关键性的作用。

专业的侧写师能够根据凶手作案的手法、遗留在现场的线索以及相关的背景来还原其在作案时的心理状态，甚至揣摩出凶手作案的心理动机。作案动机是破案的关键，因为这与凶手的个人经历、背景、性格、心理等有着紧密的联系，也可以说，根据其作案手段推测出凶手的犯罪心理和动机，能够帮助缩小调查的范围，提高破案的效率和准确度。

1995 年 6 月 18 日，约翰·道格拉斯在 50 岁的生日那天宣布正式退休。但是退休以后的他依旧不忘他的老本行，在各地作演讲，为案件侦破出谋划策。

不管是 FBI 还是其他相关机构，心理以及性格特征的侧写方案都使得办案过程变得更加得心应手。

第二节　走进他的心里

进行一场有目的的谈话

不得不承认，很多犯罪嫌疑人在受审讯的过程中往往会在无形中泄露很多重要的信息，破案神探也正是根据这些重要信息判断其是否为真凶的。可见，在还没有真正确定其是否为凶手之前，可以通过双方之间的谈话得到更多有效的信息。

首先，通过一场有效的谈话，能够初步了解嫌疑人的背景。都说环境影响着一个人的性格，的确如此，如果在谈话中充分挖掘出其成长背后的故事，那对其性格就会有初步的了解，如从小是在温室中长大，还是过早地经历了许多坎坷等，因为这决定着他在面对困境或选择时将作出的抉择。同样，借此机会还可以拉近双方的心理距离，接下来才会做到有的放矢。

另外，在一场谈话中，还要尽量摸清楚其潜在的性格特征。通过对其言谈举止的观察，了解这是一个性格暴躁、不拘小节的人，还是浮躁迂腐、外强中干之人。掌握其谈话的惯有方式，才能做好下一步的沟通准备。需要注意的是，在一场对话中，我们不仅要探究其语言、观察其面部表情，还要分别从语速、语气、话题等方面综合分析其性格、心理以及对某领域感兴趣的程度，一旦发现有破绽，那就要顺着该破绽追究下去。

表明立场——我来帮助你

嫌疑人在还没被定罪之前，都有一个共同的心理——脱罪、逃避、弥补心理。在一场谈话开始的时候，负责谈话的人最好表明自身的立场，让被讯问的对象清楚你是来帮助他脱罪，并非来寻找其作案证据的。这是一个很不错的心理突破口，以一个善意者的身份出现，可以降低对方的心理防御。

FBI曾经接到一起绑架案，被绑架者是一个年仅6岁的小男孩，绑匪称要用5000万美元的赎金才能换回人质，并且不准报警。但被绑架者的父亲查尔斯一时无法筹集到充足的资金，无奈之下便拨通了报警电话。接到电话的FBI特工立即赶到了现场，并在电话上安装了监听器，但因为通话时间过短，FBI特工无法准确定位绑匪的位置。后来，FBI特工与查尔斯商量，如果绑匪再次打电话过来，要尽量拖延时间，以便将绑匪的声音录下来。

查尔斯这样做了，FBI特工顺利地录制了将近1分钟的通话，在重复播放录音的时候，FBI特工发现查尔斯的脸上露出了惊讶的表情，瞬间转为惊愕。细心的FBI特工一眼看出了查尔斯的心理变化，便询问查尔斯是不是发现了什么。但查尔斯立即否认，随即表情陷入沉思状态。FBI特工觉得查尔斯一定是发现了什么线索，于是便把查尔斯叫到一边说："这件案子关系到孩子的人身安全，凭借我的经验，绑匪肯定正处在缺钱的关头。从你刚才的表情中，我已经知道你发现了什么，这个绑匪你认识，对吗？"

查尔斯沉默不语，FBI特工接着说："我是来帮你的，你的发现很可能将成为关键性线索，别再浪费时间了，想想你的儿子正在遭受怎样的待遇吧！"查尔斯听后终于开口说："这个声音我有点耳熟，很像我的一个朋友，并且他前段时间还向我借钱，但我没那么多钱，就拒绝了他……"

听了查尔斯的话，FBI特工立即展开了行动，并吩咐查尔斯按照绑匪指示的方式交付赎金。但FBI特工只在现场抓到一个还不到20岁的年轻小伙子。在审讯的时候，这名小伙子显得很紧张，FBI特工感觉他并非主犯，很可能是被绑匪利用了而已，便对他说："别紧张，也别害怕，我知道这不是你的错。"小伙子只是抬头看着审讯的特工，还是一句话也不说。"我是来帮你的，如果你不说是什么人叫你去拿这个袋子的，那罪名就落在你的身上了，这样不值得吧？相信我，我会帮你把一切处理好，这样你也就能尽早回家了。"

在FBI特工的心理进攻之下，没过多久，小伙子渐渐解除了戒备之心，开始一点点地说出了他印象中绑匪的外形特征，包括绑匪交代他拿完钱后放在哪里，等等。就这样，有了这些可靠信息，在小伙子的协助下，FBI特工很快找到了绑匪的所在地，成功救出了查尔斯的儿子。事实上，绑匪正是查尔斯口中的那位朋友。

对方最感兴趣的是什么

一场谈话或审讯能够进行到什么程度，还要看对方是否愿意配合。侧写师要做的是准确把握对方的心理特征，根据不同的谈话对象，采取不同的方式进行交流，在知晓对方性格的基础上，找到对方最感兴趣的领域，这也是迅速接近一个人的最佳捷径。

首先，要从一个人说话的方式来了解这个人的性格特征。比如，我们前面说过，说话速度快的人思维敏捷，性格也较为急躁、外向，而说话语速缓慢的人，性格沉稳，善于掩饰；说话声音小的人比较有心机，等等。另外，留心对方在闲谈时最喜欢说的话题是什么，从这些话题中，可以大致了解到对方最感兴趣的领域在哪里。

其次，了解不同社会层次的人的说话方式。社会层次包括年龄层次、身份层次、职业层次等，不同层次的人说话的方式不同，如领导说话往往比较含蓄，很少清楚地指明你该怎么做，但他们的意思常常都在简洁的话语中表达了，下属如果不够机灵，往往很难真正领会；同事间说话习惯低声细语，悄悄话说得委婉而富有想象的空间等。

最后，要投其所好。每个人都有自己的兴趣爱好，每一个层次的人也都有偏好的休闲方式。比如，很多人喜欢待在家里做宅男宅女，也有很多人喜欢户外运动；老师习惯在课余时间看书备课，学生在宿舍喜欢聚在一起天南海北地闲聊，工人喜欢闲时打扑克，等等。了解了对方喜欢什么，才能投其所好，拉近双方的距离，进而达到预期的目的，这也是破案神探经常使用的突破对方心理防线的方法之一。

寻求合作的条件

为什么要进行这场谈话或审讯？就是要让对方合作。所谓合作，就是要让对方感觉到共同目标的存在。要想让对方遵从并配合我们的目标，最好的办法还是要使其意识到配合你将得到的结果也刚好是他迫切需求的。如此一来，双方合作的概率才会增加。

美国纽约曾经连续两天在不同的地方发生了两起爆炸案件，并且爆炸地点就在当地警局附近的超市，造成两死一伤。FBI特工针对案件迅速展开了调查，发现这两起爆炸案不仅作案方式相类似，地点也有相似之处，都在警局附近。FBI特工汤姆斯认为，这两起案件之间有着直接联系，极有可能是恐怖组织的示威行动。

后来，在审查爆炸地点的监控录像时，汤姆斯发现一个行踪可疑的中年男子，他身着暗棕色大衣，头戴黑色鸭舌帽，看不清楚长相，手里提着一个旅行包，进入超市大约15分钟后出来，一边行走一边环视四周，行色匆匆。汤姆斯立即把目标锁定在这名男子的身上，最后得知该男子是当地某大学的在校研究生杰森，一直依靠奖学金贴补生活。前段时间开始和一个女孩交往，但不到一个月女孩就提出分手，原因是他买不起女孩在商店看中的一款英伦风格的风衣。加上最近他父亲因病住院，家里急需用钱，他多次向政府申请补助，但都被拒绝，一时之间困难重重。

在审讯的时候，杰森向汤姆斯坦白，说他当时正不知所措，两个学长打扮的人找到他，并说，只要杰森把两个包裹放在指定的地点，他就会拿到丰厚的酬金。为了解决燃眉之急，杰森按照“学长”的吩咐把东西分别送到了指定的地方，但第一天的晚上杰森就看到新闻报道，称自己去过的那家超市发生了爆炸，第二天，当杰森拒绝递送第二个包裹的时候，两名“学长”威胁杰森，要强暴他的前女友并杀害他的家人，无奈之下，杰森只好再次递送包裹。

汤姆斯认为，杰森明显是被人利用了，当务之急是取得杰森的合作，使他供出幕后的主犯。不出汤姆斯所料，开始时杰森一直拒绝，汤姆斯早就知道杰森会如此，因为他有后顾之忧。于是，汤姆斯就对杰森说：“你应该知道，我们不会对这样的案件就此放手的，如果你肯与我们合作，我可以保证你完全不用担心有什么后顾之忧，你的家人我们会24小时派人监护，等一切处理妥当，我会送你和家人出国，以另外一个身份重新生活。但这所有的一切都要建立在你愿意与我们合作的基础上。”杰森想了想，终于开口，详细描述出了两名“学长”的长相特征以及他们会面的具体地点。FBI特工根据杰森提供的线索，很快就找到了两名主犯。

在这个案例中，汤姆斯在和杰森对话的过程中，了解到他的家庭背景，并认为他只是被利用了。在杰森陷入窘境的时候，幕后的主犯利用杰森的弱点进行威逼利诱，使得杰森在并不知情的情况下与之合作，令杰森没有了退路。当然，在审讯杰森的时候，汤姆斯发现了关键点——寻求与杰森的合作，而杰森之所以愿意合作，也是因为汤姆斯能够帮助他解决后顾之忧。

在与不同的犯人打交道的过程中，侧写师在谈话中往往要收集很多信息，并且进行不断的验证和推断，犯罪嫌疑人、目击证人等，都是需要说服的对象。说服工作本身就具有一定的难度，再加上这些人处在特殊的境遇下，想要说服他们更是不容易。因此，要想说服这些人，必备的筹码还是寻找有利的条件作为交换，而这个有利条件如何能够起到立竿见影的作用，这就是侧写师所要探究的难题了。

如何有效且恰到好处地给出承诺

破案神探认为，寻求合作时有必要向对方作出一些承诺，但并不是一味地点头，有限的承诺实际上更加有利于信任感的建立。

在一场对话中，侧写师所作出的承诺应该是具有分量的，而不是张口即出，出口即忘的，关键性承诺可以立即打消对方的顾虑，放下戒备，选择合作。因此，承诺方要给被承诺方一种坚定可靠的感觉。侧写师在进行一场谈话的时候，往往很注重这一点，很多时候，即使焦急万分，迫切希望与谈话对象尽快取得合作，但依旧要表现得很沉稳。被谈话一方可能会提出一些要求或合作的条件作为交换，但侧写师都不会完全接受，只选取其中有限的部分作出相应的承诺。

这是因为，如果侧写师无条件地一味满足对方提出的任何条件，反而很难使对方完全信任，而恰当的回应、有限的承诺，更能体现出侧写师经过了深思熟虑，打算信守承诺；另外，有限承诺使得侧写师的话更加有分量，如果完全接受对方提出的要求，很容易使有利局势向对方发展，侧写师就难以突破对方的心理防线，影响对方的心理。

侦探克鲁斯曾在执行任务的时候遇到一段小插曲，虽然这件事情本身与他的工作并没有直接关系，但他在这件事情中得到的收获还是不小的。克鲁斯的邻居是幸福的三口之家：马特先生是一家旅游企业的小策划，妻子马特太太则是报社的摄影记者，他们还有一个 5 岁的可爱的女儿莉莉。但是最近马特先生的情绪很不好，他经常晚上 10 点之后来敲克鲁斯的门，抱怨说妻子这段时间总是晚归，还不能打她手机。克鲁斯明白马特是遇到困境了，从他的语气中可以得知，马特先生怀疑妻子在外面并非完全忙于工作。克鲁斯回想到，自己前几天看到马特太太和一个穿着西装的男人从珠宝店里走出来一起上车的情形，顿时对眼前的兄弟生出一丝同情。要知道，克鲁斯的妻子正是因为他忙于工作不顾家，才出轨并最终与克鲁斯离婚的。

一个星期之后，马特再次来到克鲁斯的房间，把一沓照片放在克鲁斯的面前，说："兄弟，我视你如知己，请看看这些照片吧，她果然像我所想！"克鲁斯发现，照片上正是马特太太和那位西装男人约会吃饭、购物逛街的场景。原来马特请了一个私家侦探，对妻子这一周的行踪都进行了跟踪拍摄，得到证据后的马特并不好过，脸上都是愤怒的表情，紧握的拳头毫不掩饰地表达了他内心的怒火。

克鲁斯劝马特先生不要冲动，要找到解决事情的办法。

接下来的两个星期里，克鲁斯总是能听到深夜从马特家里传出来的争吵声。最后一次是马特将照片摆在妻子的面前，质问她究竟想干什么，不料妻子竟提出了离婚。备受刺激的马特找到西装男子（马特太太报社的社长），两人大吵一番，晚上就有人报警说，报社社长阿尔弗雷德被挟持。当地警方赶到现场时，马特和阿尔弗雷德两人在公司大厦的顶层，情绪激动的马特扬言要和阿尔弗雷德同归于尽。

克鲁斯闻讯赶到现场，作为马特的邻居，克鲁斯很了解他的为人以及他当前的心理状态。于是，克鲁斯通知了马特的太太，让她带着女儿莉莉赶到现场。开始时，克鲁斯劝说马特要好好想想，不要做冲动的事情。但马特根本听不进去，还说，只要警方能够把这个人（阿尔弗雷德）处死，解救他的家庭，他就放下手里的尖刀。没有得到满意的回应，马特把尖刀对准了阿尔弗雷德的喉咙，这个时候，马特太太带着女儿来到现场，对情绪激动的马特说："下来吧，亲爱的，我不会离开你的，只要你下来，我们以后就好好过日子！"但马特还是不罢休，"我下来可以，但这个人要死！"克鲁斯赶紧上前一步，"作为你深信的兄弟，我认为，如果你杀了这个人，你要去坐牢甚至是被判死刑的，想想你的妻子和女儿，她们怎么办，这样不值得！"他一面说，一面向马特太太使眼色。"对啊，亲爱的，我保证以后不会和这个人在一起了，我辞去工作，在家照顾你和孩子……我们不想失去你……请不要做傻事……"马特看着太太和女儿变得沉默了，慢慢放松了警惕，克鲁斯看准时机，上前抢下马特手里的尖刀，救下阿尔弗雷德，马特也被警察抓住了。

在这个案例中，克鲁斯很了解马特的心理特点以及他当前最关心的事情。当马特提出条件时，警方没有立即承诺，因为那并不是马特心中最希望的事情，同时警方也不可能判处一个被挟持的人质死刑，这一点马特自己心里也是清楚的。如果这时候警方立即应允给阿尔弗雷德应有的处罚，马特很可能会感觉到被骗，从而引起更大的情绪波动。相反，克鲁斯要求马特太太出场，对马特的情绪起到了很不错的缓解作用，因为马特太太和莉莉此时正是马特最想见和最愿意亲近的人，只要这些人给予其短暂的、有限的承诺，就能促使其重新生出希望，缓解情绪，放松警惕之心。

第三节　通过表情与动作发掘其真实想法

潜意识的作用

如果在对话中，你发现对方动了一下嘴唇，摸了一下额头，捏了一下鼻子，甚至是咽了一口唾沫，你会想到什么，还是什么都不想，继续你的谈话？实际上，不能小看了这些小动作，更加不能忽视了它们，因为里面潜藏着很多有价值的测谎信息。

人类拥有一个极其复杂的大脑边缘系统，对外界的反应从来都是第一时间做出，不经过考虑的。好比我们每天都在进行的呼吸一样，它每时每刻都发生着。我们在看见喜欢的东西时，不由得想要多看几眼；在闻到好闻的香味时，会下意识地想去多吸一口，等等。这也是为什么我们经常在上台前告诫自己不要紧张，但在走上讲台之后却依旧避免不了心跳加速、额头冒汗一样。其实，这都是在潜意识的作用下出现的大脑边缘反应，是人为控制不了的。

心理学家弗洛伊德曾经说，人们的潜意识就像大海上的冰山，浮在海面上，能够看得见的是意识，而隐藏在海面以下的冰山主体就是潜意识了。而我们的大脑边缘系统本身就具有记忆功能，对周围事物的反应都是在潜意识的作用下根据以往的经验做出的，是完全真实的内心指示。因此，心理侧写师要想探究嫌疑人内心的真实想法，就需要透过表面现象看穿本质。

一次，FBI特工接到消息称地铁附近的一家超市遭抢劫，当晚的值班老人被害，一名身穿褐色大衣的青年人被确定为可疑人物，正往地铁口走去。FBI特工赶到地铁站的时候，由于人流攒动，身着褐色服装的也不止一人。情急之下，FBI特工围堵在地铁口处，对着人流大喊："就是你，别跑！"很多人惊讶地回头，但只有一个身穿褐色衣服的青年头也没回，撒腿就跑。此时，周围的FBI特工一拥而上，将该青年抓住了。

在审讯的时候,该青年不承认自己的罪行,说自己是无辜的。"那你为什么跑？"FBI特工追问。"你们管我？哪条法律规定不能跑！"嫌疑犯的口气很硬，但随即陷入沉默，眼神恍惚不定，表情中有一丝悲伤和担忧，双手不停地在胸前变化交叉位置。FBI特工看着他起伏的胸脯和不断在扩张收缩的鼻翼，看出嫌疑犯正在努力压制内心的恐惧。

又过了几分钟，FBI特工走出审讯室，不多一会儿，拿着一张纸条走进来，对嫌疑犯说："就在几分钟前，我们接到通知，超市值班老人抢救无效死亡，经鉴定是被人用皮带勒死的。"此时，嫌疑犯不敢正视FBI特工的眼睛，低着头不说话，一直看着自己交叉在胸前的双手。FBI特工注视着他，忽然一把抓住了嫌疑犯的胳膊，"我知道这是你的所为，别等我来揭穿真相！"被抓住的青年奋力扯开胳膊，此时眼泪已经克制不住地流了出来，他一边说："我不是故意的，爷爷，对不起……"一边后退。

原来，该青年想在超市抢劫，当天是一位老人值班，而这位老人正是他的爷爷。他原本以为爷爷会帮他，可老人发现之后拼命阻止他离开，还要求他去自首，情急之下，青年抽出腰带，狠狠地勒住了老人。老人被发现时已经奄奄一息，经抢救无效死亡。

在这个案例中，FBI 特工凭借以往丰富的经验，准确地抓住了罪犯的心理，利用其潜意识的本能反应，大喊一声“就是你！别跑！”进而将目标准确锁定在一个人身上，因为真正的罪犯听到这句话后的本能反应就是撒腿逃跑。

罪犯因为一时失去理智而失手将爷爷勒死，内心自然充满担忧和恐惧，FBI 特工的审讯更是加剧了紧张的情绪。尽管他极力掩饰内心的情绪，但他的面部表情以及起伏较大的胸脯和不断做扩大收缩动作的鼻翼，已经泄露了他正在努力掩饰的秘密。又因为是自己用双手勒住爷爷，导致其死亡的，因此，在接受审讯时他显得焦虑不安，似乎手上已经满是血渍，于是一直不知道该怎么摆放自己的双手，但又害怕它们露出破绽。这些其实都是在潜意识作用下的反应，就连罪犯自己都很难意识到。

FBI 特工故意在数分钟后告知其老人去世的消息，并抓住嫌疑犯的胳膊说“我知道这是你的所为，别等我来揭穿真相”，实际上是抓住了嫌疑犯犯罪后的恐惧心理，加上被害者是亲人，嫌疑犯在心理上已经产生了一定程度的愧疚和自责，这个时候的嫌疑犯已完全处于崩溃的边缘。

不难看出，当嫌疑犯想要掩盖某种事实时，便会尽量控制自己的一系列言行举止，包括面部表情，自己认为毫无破绽，但却不能完全控制自己的潜意识。侧写师只要抓住潜意识作用下的动作，就能很快看穿嫌疑人的心思。

表情的秘密

表情的变化是十分丰富的，同时又是不可捉摸的。我们已经清楚地知道几种典型微表情的特征，但在判断和识别这些表情的时候，却往往并没有那么容易。即使有些人能够很好地控制自己的表情，甚至做到收放自如，但这并不代表一点漏洞都不存在。

研究发现，人的面部表情确实能够被加以控制，甚至隐藏。但控制或隐藏表情是需要时间的，也就是说，控制的表情往往会晚 1 秒钟。这一细微的时间差异也许当事人自己都不会有所察觉，但细心的侧写师一眼就能够看穿。

曾经有一户人家报警称自家的孩子已经失踪 24 小时了。接到消息的 FBI 特工的第一感觉就是奇怪，怎么会有家长能够忍受 24 小时才来报警？警方来到这户人家的家里，问道："怎么孩子失踪了一天一夜，你们家长到现在才报警？"显然，孩子的父亲很焦虑，他愤怒地指着妻子骂道："都是这个贱货，非说孩子是去同学家里玩了，还说以前也有过这种情况，我觉得奇怪，打通了她同学家的电话，结果人家说我女儿根本没有去！"站在一边的妻子没有说话，一直低头不语。

又过了一天，小女孩还是没有消息，FBI 特工决定将女孩的母亲找来录口供。负责审讯的 FBI 特工坐在女孩的母亲前面，问了一些问题，她的回答没有什么破绽。突然，另外一名 FBI 特工走进来，在负责审讯的特工耳边说了一段话，然后走了出去。负责审讯的特工看了看女孩母亲的表情，问道："我想我应该告诉你一个好消息。""什么？"女孩母亲表现得很急迫，但表情中有明显的担忧。训练有素的特工故意顿了顿，然后说："我们已经找到您女儿的下落了！"女孩母亲顿时愣住了，但 1 秒钟之后又立即做出兴奋的样子。

在审查这段录像的时候，FBI 特工反复将画面定格在这个表情上，发现女孩母亲确实知道什么，但又在极力掩饰。FBI 特工推测，她很可能知道女儿在哪里，当她听到自己的女儿已经被找到时，第一反应是愣住，而不是兴奋，这说明她确信我们找不到。于是，FBI 特工再次对女孩母亲进行审讯，并把之前的录像播放给她看，紧接着是反复地追问和推理。女孩母亲最终承受不了心理压力而承认实情。原来，小女孩已经被她秘密送回老家，谎称女儿失踪，实际上是为了刺激连续一周都不回家过夜的丈夫。

可见，一个人的面部表情是无法完全被控制的，即使被控制了，那也是在真实表情出现之后。细心的观察者总会发现那一瞬间的真实表情，进而挖掘出真相。在这个案例中，破案的关键点就在于女孩母亲的面部表情——当有效刺激源出现之后，立即出现的面部表情是惊讶（愣住），而并非兴奋。也就是说，她试图掩饰惊讶，表现兴奋，但兴奋延后了1秒钟，说明兴奋是假的，而惊讶才是真的。

当你想要知道某件事情的真相时，可以对你所怀疑的对象制造陷阱，看他有没有在掩饰。你只要仔细观察，一个人假如试图掩饰自己，那么他的心里一定有一些秘密是不愿意别人知道的。在观察的过程中，要留心1秒钟之内的表情变化，因为即便是一个掩饰高手，都需要一个过程。大脑通过中枢神经传达指令直到开始实行，1秒钟是一个过渡，而潜意识是不需要思考的，所以才能在第一时间表露出来。在观察“1秒钟的表情”时，可以从眉毛、眼神、嘴巴、鼻子以及整个面部加以分析研究。

对于一个心理侧写师来说，从一场顺利的谈话中要做到能够挖掘出有价值的线索，掌握嫌疑人心理变化的依据，尽最大能力缩小调查范围。

有些看似并不起眼的小动作如果被放在谈话中，就具有了不一样的意义。对于侧写师来说，这是发现谎言的重要依据，同时，在我们的日常生活中也有很广泛的应用。我们可以把这些放在生活中加以分析研究，那么，你对你身边的人就会有更加深入的了解。

第四节　赢得绝对优势

人类有与生俱来的“趋利避害”的本能，在双方交谈的过程中，会自觉地躲避压力，这就给谈话或审讯带来了一定的难度。双方可能一直处在一种平和的对峙状态，懂得心理战术的一方，就应该“先下手为强”，突然发动进攻不仅能给自己赢得绝对的优势地位，还能使得对方措手不及。

破案神探认为，如果在审讯嫌疑犯的时候能够猝不及防地提出一些令嫌疑犯始料不及的问题，会对其心理造成一定的冲击力。一旦嫌疑犯表现出犹豫和迟疑，就说明有效刺激源出现了。

使用连续发问的形式

对犯罪嫌疑人使用连续发问的方式提出问题，容易使其出现心理波动，用不停喷射而出的话语堵塞对方思考的空间。在谈话或审讯中，面对这种连珠炮似的发问，嫌疑人很容易自乱阵脚，他们往往来不及思考任何一个问题，因为慌乱，鼻尖还会冒出汗珠，双手也会不停地搓动膝盖。因此，连珠炮似的发问或陈述，可以扰乱一个人的思维。本来就心虚的嫌疑人面对一连串的无休止的发问，他们的心里也会感到莫名的恐慌，编造谎话的时间也就大大减少。所以，在不间断的发问中，犯罪嫌疑人多半都会说出实话。

有效运用空间

通常情况下，嫌疑犯在面对步步紧逼的追问时，会显得紧张失措，甚至会出现思维混乱、破绽百出的情况，最主要的一个原因就是，不断深入的问题逼近了嫌疑犯的心理防线，他们内心可以承受压力的空间也不断被压缩，直到最终被突破。由此，美国人类学家爱德华·霍尔认为，空间会说话。不管在心理上，还是在身体上，每个人都有一部分私密空间是不允许任何人介入的。

因此，审讯嫌疑犯时，审讯者可以指示被审讯的对象坐在事先准备好的座位上，用手指示的同时，辅以口头指令——“请坐在这个位置上”。假如对方不合作，一定要坐在别的地方，那么，审讯者也可以说：“经过重新考虑，我想你也可以坐在那里。”这样，审讯一方依旧能够很好地掌控局势，保持主导地位。实际上，被审讯者不合作的情况会经常出现，为了避免类似的情况出现，调查者或谈话者可以事先就安排两把或三把椅子，把不想让被调查者坐的座位放上自己的公文包或其他物品。一般最后一个入座的人将占据主导位置。因此，调查者应该让被调查者先坐下，而自己最后入座。

破案神探建议，谈话一方可以适时地给被谈话的对象倒上茶水。这主要有两个目的：一是可以加强谈话者的主人地位，和对方建立起和谐的关系；二是可以探知双方是否关系融洽。如果被谈话者喝完茶水，把杯子放在双方之间，那就表明融洽的关系还没有完全建立；如果杯子放置的位置不构成两者间的障碍，表示和谐的谈话关系已经建立。

一般情况下，一场审讯或谈话都由提问的一方控制节奏和进程。但有的时候，谈话的主导权会被狡猾的嫌疑犯夺走，面对这样的情况，谈话者可以随机应变，采取适当的方式重新夺回话语主导权。

首先，谈话者可以选择较高的位置或椅子，并尽量在谈话的过程中扮演“长辈”的角色，进而将被谈话的一方降低至“晚辈”的级别，这样做将更加有助于“长辈”树立权威。

需要注意的是，谈话中也有被谈话者会借故上厕所或接电话，以此来打断当前的对话。因此，谈话者也应当考虑到这个问题，并事先规定好上厕所以及休息的时间，要求被谈话的对象交出手机。如果被谈话对象在中途提出要求，应委婉拒绝，并说：“等下面的两个问题解决后，我们才可以获得休息时间。”

我们可以想象一下，并不一定完全是审讯的场景，如果把周围的环境想象成我们日常生活中的一些画面，或许更好理解一点。

以上是在一个可被控制的谈话环境内，如果环境不能被调查者控制，那就要利用一些技巧来建立主导地位。走进谈话地点时，应步伐稳健，不紧不慢，展现自信自如的心态。因为步伐可以显示一个人的心境，过于急速的步伐，给人内心焦虑不安的感觉。

通常情况下，在一间办公室内，办公桌以及邻近办公桌的区域属于私人空间，而沙发与靠近门口的领域则属于公共空间。因此，距离办公桌越近，表示来客的地位越高，反之，坐在沙发上的来客地位就相对较低一些。假如谈话者来到被谈话对象的办公室内，那环境等客观因素就不是调查者自己能够控制的，可以尽量坐在离被调查者的办公桌近一点的地方，而不是沙发上。沙发太软，往往看似很高，可是坐下去后整个人就会陷下去，不利于建立主导地位。

如果被谈话对象坐在办公桌的后面，便极大地占据了优势地位，办公桌充当了屏障，手脚动作都会遮挡在后面。此时，谈话者就可以自己挪动椅子到桌子的两侧，主动为自己建立主导地位，同时也消除了桌子这一大障碍。不过，在移动椅子的时候，要格外小心，不能使对方看出自己的真实目的。

就座后（谈话者要最后入座），谈话者应尽量舒展身体，背部向后靠，手臂伸开搭放在椅子的把手上，手肘向外伸展，甚至是将自己随身携带的物品摆放在特定的位置。总之，应尽量扩展自身周围的空间。就座后，有一个姿势可以显示领导者的地位，即将手指交叉放在脑后，谈话者可以用这样的坐姿来传达支配信息。

第五节　击垮对方心理防线的技巧

FBI曾经接到一起入室抢劫案件，接连十几家住户被盗，被盗窃的物品多为现金，也有一些值钱的用品。FBI特工根据当地环境分析，那里距离城镇较远，并且地势偏僻，盗窃者很可能就隐藏在附近的一片树林之中。

专门负责这次侦查工作的是FBI特工约翰和侧写师奥斯汀。在侦查的过程中，现场并没有留下有价值的证据，只在其中一户人家的窗台下发现一颗金属纽扣，而这种扣子只在比较正式的服装中才会出现。约翰发现，该居民区的跨度很大，几乎都是被树林包围着的，这种环境使得安全防御工作很难顺利实施。

约翰迅速展开调查，根据知情人透露，近期并没有特别的事情发生，以前也没有发生过盗窃案。侧写师奥斯汀分析认为，盗贼很可能就是本地的居民，男子，个子不高，并非专业盗贼，极有可能是因为一时困顿而偷盗。

于是，约翰找来居民区的管理人员，询问最近有没有特别的事情发生，这位管理人员开始时说没有，后来想了想说："特别的事应该是没有的，但是我知道最近乔治太太病了，住院一个月后回家休养，她的女婿和女儿一起回来照顾她，我也经常见到他们，他女婿常穿一件藏蓝色外套，胸前的扣子每次都扣得严严实实的，但最近好像就没见他穿过。”

随后约翰和奥斯汀一起前去“探望”乔治一家。一进门，约翰就发现这与想象的环境并不一样。乔治太太躺在里间，女儿正在客厅看电视,家里的摆设也很简单。约翰问:“家里就你和你母亲吗？”女人回答说：“还有我丈夫。”“嗯，我们就是想问问你最近有没有见到什么可疑的人出现？”约翰接着说。“没有。”女人的回答快速且语气冷淡。一边的奥斯汀已经将乔治家打量了一遍，无意中发现靠近门后的挂衣架上有一件藏蓝色的外套，只露出半只袖子。

离开乔治家后，约翰和奥斯汀找到居民区管理人员，询问关于乔治一家的信息，管理人员说:“这个我也不是很清楚，我只知道乔治先生一直忙于生意，几乎不回家的，后来两人离了婚，他们的女儿去年嫁给了一个工人，应该就是我经常见到的那个人吧。他一般都是很早就出门了，到晚上 12 点之后才回家，有时候会更晚，不过最近几天还比较早。”

当天晚上，约翰和奥斯汀再次敲响了乔治家的门，开门的是乔治太太的女儿，见到约翰的瞬间，她的脸上露出惊恐和厌恶，但随即被一个很勉强的笑容代替，一面说“我母亲已经睡了”，一面用身体挡在约翰和奥斯汀的面前。但奥斯汀已经进了门，他走到门后的挂衣架上取下那件藏蓝色的外套，细细地看了一会儿，发现外套的第三颗扣子没有了，另外在袖子口上还有一道划破的痕迹。“你丈夫应该回来了吧，我想和他说几句话。”说着奥斯汀走进了里间。

女人看形势不好，赶紧大喊丈夫，虽然她假装不慌不忙，但约翰已经听出了语气中隐藏的焦虑。迎面出来的男人一脸严肃，强挤出的笑很不自然地堆放在脸上，“你们找我有什么事吗？”奥斯汀把手中的外套递给男人看，“这是什么时候破的？”男人简单敷衍了几句。约翰见男人心虚，就紧接着问道：“你紧张什么？我们已经知道这些盗窃案和你有关系，这件外套是爬窗户的时候弄破的吧，扣子也掉了一颗，你想知道这颗掉了的扣子现在在哪儿吗？”

男子慌张地看着那件藏蓝色外套，试图夺过来，一边大喊：“我没有紧张，把外套还给我……”奥斯汀身子一侧，男子扑了个空，“你别抵赖了，我们已经找到这件外套的金属纽扣，就在一户人家的窗台后面，还有你划破的袖口。有人说你总是穿着这件外套，经常很晚才回家，难道你敢说它不是你的吗？你岳母治病难道不需要花钱吗？”

男子的情绪忽然激动起来，“我不是故意要这样做的，她母亲生病了我不能不管，但我只是一个工人……我从来都不想做违法的事……”男子蹲在地上，乔治太太似乎已经明白了一切，她把女儿叫到屋里，不一会儿就出来了，老太太已经一脸泪水。女儿说：“我母亲看病需要钱，但她又不愿要父亲的钱，我们没有办法……”

约翰将男子带走了，考虑到乔治太太需要人照顾，便让她的女儿暂时留在家里。在审讯室里，男子交代了犯罪的全部过程。

约翰和奥斯汀根据自己的推测，搜集到罪犯的作案信息和相关线索，在讯问嫌疑犯的时候，综合各种线索和信息，假装很了解罪犯及其作案过程，一步步引导嫌疑犯说出实情。这也是破案神探在破案的过程中时常使用的一种方法。

实际上，约翰和奥斯汀开始时掌握的信息并不充分，但奥斯汀的侧写很重要，他认为该罪犯应该是同一居民区的住户，缩小了调查范围后，约翰寻找到具有作案动机的嫌疑人，在上门查访时又发现了重要线索——藏蓝色外套。掉落的金属纽扣是破案的关键，在并没有人证的情况下，约翰和奥斯汀将所有信息串联起来，看似很了解男子及其行踪，在男子心虚、激动的当口儿，一点点地刺激男子，一步步击溃其心理防线。

可见，在类似这种形式的谈话中，谈话者掌握的信息或许大多没有经过验证，甚至有的时候即便是掌握了一定的信息，却不能让嫌疑犯知道。此时，为了后面的谈话能够顺利进行，就可以制造一些“对称信息”，即在恰当的时候释放出对方想知道的信息，从而让对方产生谈话者掌握的信息与自己掌握的信息相对称的感觉，也就是让被谈话者以为谈话者已经知晓了他的一切犯罪事实，以此来刺激、击垮对方的心理防线。

第六章

独特心理影响术

要想从对方口中获得你想知道的信息，或者达到某种目的，势必要懂得一些影响他人心理的技巧。比如，你首先要笼络你想施加心理影响的对象，与其建立起信任的关系，而面对不同性格的人，还要采用不同的心理策略等。如果突遇对方发怒，你该如何应对，是和他针锋相对，还是巧妙化解？面对困局，你该学会哪些能够帮助你转危为安的心理技巧？

第一节　笼络人心的技巧

询问对方最拿手的

破案神探发现，在与嫌疑犯打交道的时候，他们对于自己感兴趣的事就会谈得多，而对自己不在行的就说得少，甚至闭口不提。针对这一心理，破案神探认为，可以从嫌疑犯感兴趣且最拿手的话题入手，解除其戒备心理。

曾经在美国猖獗一时的一个贩毒集团被 FBI 盯上了，特工埃里克决定将这个犯罪团伙一网打尽。经过调查，埃里克才知道，原来为了获得更多的收益，他们已经在网络上开起了“连锁店”，并将这些毒品经过包装后贩卖到很多地区，可见这个贩毒集团的幕后一定有一只黑手。埃里克经过长时间的跟踪调查，终于找到了这只幕后黑手——马尔斯，但他从来不会亲自与人进行交易，并且他的行踪很隐秘。埃里克始终都没有找到制造毒品的总工厂在哪里。不过，通过长时间的跟踪调查，埃里克已经对马尔斯有所了解了，这个人吝啬胆小，处事小心谨慎，尤其自以为是。

一个星期之后，根据线人提供的消息，近期将有一批海洛因由马尔斯的仓库出货。埃里克推测，以马尔斯一向小心谨慎的性格来分析，这次巨额交易，他必定亲自到场。于是，埃里克提前派了几个人 24 小时跟踪马尔斯，并且在交易的当天亲自带队跟踪马尔斯一行人。但在中途，狡猾的马尔斯使用了调虎离山之计。埃里克了解马尔斯，他是不会这么轻易就让自己的地下工厂暴露出来的。情急之下，埃里克决定分成两队，其中一队假装中计，紧紧跟着其他三辆车进入一座封闭的小楼，自己带着剩余几名 FBI 特工隐蔽在小树林里，继续跟踪马尔斯的车。

在埃里克制造的假象里，马尔斯彻底放心地赶往目的地。最后，马尔斯的车在一片森林附近停了下来，埃里克跟了进去，眼前是令人意想不到的一幕：好几个身穿白色工作服的人正在低头做着什么实验，而马尔斯则在一边清点毒品。此时，其他 FBI 特工已经赶到了埃里克通知的地点，马尔斯被顺利抓获。

坐在审讯室里的马尔斯依旧很狡猾，一脸无辜的表情，口口声声说自己是被利用的，自己也莫名其妙，怎么会被带到那个制毒工厂。面对马尔斯的狡辩，埃里克没有马上反驳，而是反问他：“你读书时的化学成绩如何？我自己是什么都不懂，就化学这一科还不错。你跟我来，我来告诉你怎么制毒。”马尔斯显然没有弄清埃里克的真实意图，以为是自己的谎言骗过了 FBI 特工，便跟着埃里克来到了制毒工厂。

只见埃里克有模有样地摆弄着手中的实验器材，但一边的马尔斯很快就显露出了鄙夷的神色，心想：“这个特工还说自己只有化学比较好，狗屁！”就在这个时候，埃里克向马尔斯发出了求救信号，“怎么会不对呢？怎么变成这个颜色了？唉，兄弟，你化学成绩怎么样？帮我看看这是怎么了……”一边的马尔斯早就按捺不住内心跃跃欲试的冲动了，一听这样的话，更是急于一展身手。他一边接过埃里克手中的实验仪器，一边说：“你一开始就错了，哪有这样稀释溶液的……”一大段精彩的解说之后，马尔斯发现身边寂静无声，抬头才发现埃里克胜利的微笑，这才幡然醒悟。

“你刚才的话我已经录下来了，你狡辩不了，这些都是证据，你所说的每一句话都会成为呈堂证供！”埃里克说着，就将手铐紧紧地铐在了马尔斯的手腕上。

在这个案例中，FBI 特工埃里克充分利用了马尔斯的性格特征，据此分析他的行为反应，可以说这在整个破案的过程中起着关键性的作用，尤其是最后埃里克假装在实验室里做错实验的时候，自以为是的马尔斯表现出对埃里克的不屑和蔑视，结果没想到就这样泄露了秘密。

可见，学会观察和分析对象平时的言行举止，从中挖掘出其最主要的性格特征和最在行的事情，然后作为对话的入手点，如利用其心理弱点，使其自信心膨胀，进而暴露出原形，就是非常高明的心理策略。准确分析一个人的长处和性格特征并不是一件容易的事，需要在正面交流中从不同的角度了解和认识，遇到那些不愿意袒露真心、缺乏自信心的人，要中肯地给予肯定和赞扬，巧妙试探与引导其展示自己最得意的一面。

当然，如果你想直接询问对方最在行的是什么，也未尝不可，这比观察和分析要省事得多，因为这不仅可以加强双方之间的沟通，也能了解对方的性格特征，还给了对方再次自我表现的机会。但切忌在询问中露出本意，使对方产生成就感和自豪感，快速催化其自信心的膨胀是最重要的。人人都有自我表现的欲望，询问对方最在行的事，不仅找到了共同的话题，迅速拉近心理距离，同时也让对方放松了戒备心理，是一种非常不错的心理影响的技巧。

赢得好感

侧写师因为工作的需要往往要接触很多与案情相关的人，如嫌疑犯、目击证人等，在与这些人交谈的时候，需要时刻关注他们的情绪变化，应在最大程度上取得合作。不过，这些人也会因为特殊的身份和处境产生焦虑和抵触心理。因此，如何赢得他们的好感，以便使其消除抵触情绪，就显得极为重要了。

FBI特工肖恩曾经接手过一起杀人案，通过调查得知，案发时有一个叫爱丽莎的目击证人，但因为受到种种因素的影响，这个女孩拒绝回忆当天的所见所闻，甚至一度对FBI特工怀有敌意。肖恩认为，侦破这起杀人案的关键就在这个唯一的目击证人身上了，现在设法消除她的敌意，说服其与FBI合作，才是最重要的。

这天，身着休闲衣装的肖恩摁响了爱丽莎家的门铃，但当爱丽莎看到肖恩的时候，立即脸色大变，露出厌烦的表情，并迅速关上大门。不过，肖恩是有准备的，他用尽力气，伸出手去挡住了即将关上的大门。爱丽莎见状，生怕把肖恩的手腕压坏，急忙拉开，就这样肖恩手里拿着一张凡·高的画的复制品走进了爱丽莎的家。此时，爱丽莎脸上的厌烦表情已经转为不安，她看着肖恩手里的画，目光凝滞了几秒钟，然后回过神来对肖恩说："我知道你想干什么，我说过，我什么都不知道！别来烦我了！"姑娘一脸的怒气。肖恩站起身来对爱丽莎说："我是来道歉的，前一阵子我们因为急于破案，试图找你来做目击证人，或许对你的正常生活造成了不小的影响。今天，我特意将我最爱的一幅画拿来送给你，如果你也喜欢的话，请收下吧，顺便接受我诚挚的歉意。"

爱丽莎的注意力转向那幅画，心境似乎也进入了凡·高笔下柔美的星空之中。那天晚上，爱丽莎没有排斥肖恩的到访，还和他聊了很多关于凡·高印象画的感受和理解。第三天的下午，肖恩邀请爱丽莎参加音乐会，爱丽莎也没有拒绝。又过了几天，肖恩给爱丽莎又送来了一些凡·高的油画的复制品，看得出，爱丽莎对凡·高的画有种发自内心的欣赏和喜欢，更重要的是，这已经让爱丽莎感觉到和肖恩之间的心理距离更近了。

一个星期之后，爱丽莎主动找到肖恩，两人约在附近的一家咖啡馆内，肖恩感到爱丽莎已经慢慢向自己敞开了心扉。在喝完一杯咖啡之后，他故意将杯子放在靠近爱丽莎杯子的地方，爱丽莎发觉了，但她没有表现出厌烦的情绪。后来，爱丽莎终于向肖恩说出了当天见到的嫌疑犯。

原来，那天爱丽莎听见隔壁传来一阵尖叫，便开门向外面看了一眼，不料正好与嫌疑犯面对面，当时嫌疑犯双手都是血渍，爱丽莎吓得大叫一声，嫌疑犯此时已经杀红了眼，伸出双手掐向爱丽莎的脖子。一番挣扎之后，爱丽莎被推倒在沙发上，顺手摁响了警报，嫌疑犯顿时撒手就跑。但实际上，那警报仅仅是由她外甥的玩具发出的声音。事发后，爱丽莎一想到那双血淋淋的手就感到分外恶心和恐惧，因此她也拒绝再提及此事。爱丽莎说，她很清楚肖恩拿凡·高的画给自己，并不仅仅是想道歉，但确实给了爱丽莎不少精神慰藉。后来，FBI 特工根据爱丽莎描述的嫌疑犯的外貌特征，很快展开了搜查，不久，罪犯被抓捕归案。

在这个案例中，肖恩之所以最终“打动”爱丽莎说出实情，关键在于他抓住了爱丽莎的心理特征，成功消除其排斥心理，并赢得了爱丽莎的好感。

建立信任

对话中，双方建立起信任感很重要，因为所有的坦诚交代都建立在此基础之上。

资深侦探汤米退休后在家休养，最近一段时间家里准备整修，因此他和家人搬到了亲戚家准备住上一段时间，家里的一些物件都被放进了车库内。但是几天后，当地警察给汤米打来电话说，他们在执行任务的时候发现了一些汤米的物品。接到消息的汤米很惊讶，急忙赶去警察局，在那里果然有一个大箱子，上面还贴有封条，或许警察就是根据这张封条辨认出是汤米的财物的。

原来，在汤米住进亲戚家之后，车库内的物品遭到盗窃，警察是在一座桥下发现这些东西的。当时有几个少年正在不远处玩耍，他们说东西是他们的，但并不承认这是他们偷的。汤米发现，存放在这个箱子里的一把枪不见了，其他的东西却没少。汤米心中一惊，心想：如果这支枪被小偷拿走，很可能会引起不必要的麻烦。作为老侦探的汤米要求亲自见见那几位嫌疑犯，并向警方了解了他们的家庭背景。汤米发现，他们都不是坏孩子，在学校的表现也都很不错，他们中间多是独生子。来到审讯室的汤米看见几个年龄并不大的少年，最小的大概只有16岁。汤米试图和孩子们沟通，但还没等汤米开口，他们都一致否认偷东西，称这个箱子是别人卖给他们的。

汤米问："知道里面都是些什么东西吗？"男孩们说箱子都没有打开过。"不知道里面是什么东西，你们就敢买下它？知道里面有一把手枪不见了吗？"说到这里，汤米发现有一个男孩明显眨动了一下眼皮，表情犹豫。汤米断定这个男孩一定知道手枪在哪里。

于是，汤米将男孩单独叫到走廊上，换了另外一种交流方式与男孩对话。他说："手枪是不允许随便携带的，即使你们真的是从别人那里购买的，也是属于犯罪，你们都还这么小，不能一辈子背着犯罪的污点走下去啊！如果你们现在就告诉我手枪在哪里，我保证你们的父母不会知道这件事。我是一名侦探，那把手枪正是我的，你可以相信我！"

男孩的眼睛里透出一丝犹豫，但很快就说话了。“我们在车库里发现这个箱子，觉得好玩才偷出来的，但打开后发现了一把手枪，哥哥说手枪不能随便拿，于是我们就把手枪扔进了附近的大河里……”男孩带着大家来到河边，警察潜入河中，果然找到了那把手枪。

在这个案件中，男孩之所以最终把实情告诉了汤米，正是因为他相信了汤米的话。

实际上，建立信任的方法有很多，汤米的一番话正好说中了男孩们担心的重点和关键。因为他们本身已经知道自己闯了祸，因此，只要汤米说清楚事情的严重性，并担保不会让这件事影响他们今后的人生，消除他们心理上的疑虑，男孩自然就会说出实情。另外，信任感的建立，还需要因人而异。

在犯罪嫌疑人面前，要想赢得他们的信任，使其乖乖就范，需要适当地让步，好让他们对你放松戒备，不到万不得已的情况下，千万不要试图去激怒他们，尤其是对那些正在作案的凶手们，激怒他们的后果将不堪设想。最好的办法就是以柔克刚。

第二节　不同的性格不同的应对策略

一个人的性格从不经意的言行中就会流露出一二，通过心理分析也可以初步把握一个人的性格特征。长期的实践和丰富的经验告诉破案神探，面对不同性格的嫌疑犯，应该采取不同的应对策略，这样才能取得事半功倍的效果。

我们已经知道，通过一个人的外貌、肢体动作、说话方式等可以对其心理状况加以分析，同时对其性格特征也会有所把握。在破案过程中，对嫌疑犯的性格侧写是每一次侧写工作都不可或缺的部分。在日常生活中，我们与他人打交道时同样也需要如此，要先通过观察了解对方的性格特征，然后再针对不同的性格采用不同的交往方式。

在与性格活跃的人相处的时候，需要用“以人为重”的交往方式。因为这类人喜欢热闹，期望集体活动，渴望获得关注和赞美，他们的成就感往往来自与人打交道的过程中，因此他们需要并且也常常在无形中霸占他人的舞台。在和这类人打交道的时候，要适时引导其对分享的独到理解；他们健谈，尤其是在面对困境和质疑的时候，他们最需要的可能就是听众了；当其无法顺利完成某项任务时，在众人面前表扬并称赞其过往的成就，是最好的激励和提醒方式。

在遇到这样的嫌疑犯时，最能引导他们说实话的途径，就是使其自信心膨胀，倾听并赞扬他们的优点。如果我们在日常生活中遇到这样的说服对象，有效影响其心理的方法，就是满足其表现欲望，在其自信心达到极限的时候，心理防备也最弱，这个时候再进行心理进攻是再好不过了。

典型的力量型性格的人直言好斗，独断自我，有比较强的控制欲，他们往往是咄咄逼人的争强好胜者，做事讲究效率，性格急躁，缺少耐心。在与这类人交往的时候，要尽量控制自己的情绪，避免与其产生正面冲突，给他们发言的机会，并在其发言时及时对他们提出的观点进行认可；即便不认可，也不要过于直接地指出来，这样会刺激到他们的控制欲，促使其情绪出现较大的波动。另外，这类人重视效率，但在处事的时候也比较没有耐心，谈话中如果过于详尽，往往会让他们感到厌烦，因此点到为止最好。

一个性格平和的人往往内向，谦虚胆小，与人为善，不善创新。在与这类人相处的时候，要注意使其产生被尊重的价值感。他们虽然不善于表现自我，但内心还是很渴望被赞美和认可的，因为他们多半兴奋点比较低，所以，与这类人谈话时应注意挖掘其内在优势，耐心的沟通与真诚的交流才是“打动”他们最为有效的途径。

生活中我们难免会与一些几乎完美的人打交道，这些人一般多是计划周密、逻辑性强的精明之人。和性格活跃之人的区别是，完美型人往往更偏重于“以事为重”，有时也会因为认真做事而显得格外冷漠和严肃，以至于很多人会误认为他们待人的态度不好。这类人有时也喜欢无休止地进行追问，刨根问底的做法往往显得偏执，因此在与这类人相处时，要给予其足够的耐心和理解。

另外，实话实说是该类人最大的特点，他们善于用事实说话，往往击中他人要害。他们生性偏于悲观，往往是一个喜欢泼冷水和扫兴的人，虽然他们的态度有时确实不好，但其见解还是很有价值的。如果从情感角度分析，这类人还属于敏感、易受伤害的类型。与之交往时要鼓励他们说出内心的真实感受，并为其做不良情绪的疏导工作，避免他们在过于悲观的情况下做出错误的决定。如果希望通过赞美让他们重拾信心时，要注意赞美的客观性和真实性，否则，就收不到预期的效果。

在与人交往时应该先初步判断其性格，然后再根据其性格特征选择相应的交往方式。恰当的交往方式是人际关系的催化剂，不仅能很快赢得对方的好感，拉近心理距离，更是影响他人心理必不可少的前提。

第三节　如何对付愤怒之人

破案神探在很多时候也会遇到这样的情况：嫌疑犯不仅不肯合作，还大发雷霆，极度愤怒。面对这种状况，神探们也有自己的一套应对策略。

FBI 曾经接到邮递员的报警电话称，在递送邮件的过程中发现了可疑物件。最近经常有很多接收到邮件的家庭突然发生爆炸，FBI 迅速展开搜查，并很快发现了可疑人物尼古拉斯。但审讯的时候，这名叫尼古拉斯的嫌疑犯始终重复着一句话——“我没做任何犯法的事，凭什么抓我！”并一口咬定那些物件并非他寄出去的。尼古拉斯深陷的眼珠几乎要迸射出来了，眉毛倒竖，青筋暴凸，他愤怒的抵抗让 FBI 特工得不到任何有价值的信息。审讯只好暂时停止，尼古拉斯一个人待在审讯室内。

FBI 特工约翰认为，这样的嫌疑犯并不少见，他们越是这样，就越说明他们有问题。于是约翰决定对尼古拉斯进行冷处理，其间没有任何人再走进那间审讯室，也没有任何人与之对话。两天之后，当约翰走进审讯室的时候，坐在墙角的尼古拉斯脸上的表情平静了许多，面对约翰的审问，也不再以愤怒相对了。最后，在约翰的耐心审讯和劝说下，尼古拉斯老实交代了作案的全部过程。

由此可见，面对极度愤怒的人，最好的应对办法就是冷处理。

威廉·麦金莱担任美国总统期间曾指派了一个人担任收税经纪人，但这一举动立即引起了一些议会要员的反对，其中有几个人还带头表示抗议，用十分粗暴的口吻责骂麦金莱总统，其中不乏侮辱性的词语。面对这种状况，麦金莱很意外，但他始终保持着沉着冷静，等到一位议员骂完之后，总统不紧不慢地说道：“骂完了，心里也痛快了吧？就你这样的说话水平，实在是没有资格了解我做事的理由，但我依然要告诉你。”议员听到这样的话，“唰”的一下脸红了，他原本以为总统会暴怒。此时麦金莱接着说，“任何人在不了解真相的情况下都会丧失理智。”之后，总统耐心地讲述了他任命的理由。这件事情之后，这位议员对总统反而生出敬畏之情，他告诉其他持反对意见的议员们：“总统没错。”

实际上，愤怒的情绪人人都会有，极度愤怒的情况下还可能会出现攻击行为，但在面对一个愤怒之人的时候，最好的办法并不是与之战斗，而是心平气和地冷静处理。尤其是想要与某人合作的时候，在对方愤怒之时，切忌以怒制怒，这样不但不管用，还会导致事情向相反方向发展。

比如，服务员在面对发怒的客人时，如果针锋相对，你发怒我也发怒，事情往往就不好解决了，这个时候最巧妙的解决方式就是冷静处理。冷静不仅是给有错误的一方反省的时间，还能平息他的愤怒情绪，因为愤怒的情绪往往只是一时的，随着时间的推移也会有所缓解。另外，这种冷静的态度也是宽容的表现，盛怒的人不管怎么发怒，另一方始终平静应对，这样他的怒气就像一瓶汽油，没有火苗引燃，自然也就无法发生爆炸，这也是让对方尽快冷静下来的一个好办法。如果从心理学的角度分析，冷静的一方势必在心理上占有很大一部分的优势。因此，在试图影响他人的心理时，应该学会用恰当的方式应对情绪冲动的人。

第四节 “矛盾”心理突破术

要想成功说服一个人，影响他的心理是关键，要害还在于突破他的心理防线。就是从精神或心理上瓦解对方，使其无还手之力。曾经有个著名的讨债专家说过，在这个世界上有三种人最难讨债，一是政客，二是警察，三是黑道。但实际上，这三种人都有办法应付，因为他们都有自己的弱点，政客惧怕丑闻，警察担心被告发，黑道最怕人情。只要准确掌握了这些人的弱点，保准他们会乖乖地听话。

侧写师在侧写罪犯人格与心理的时候，依靠强大的心理攻势突破罪犯的心理防线，破获了一个又一个重大案件。

在一场谈判中，你所说的每一句话都有可能成为正中要害的子弹。然而很多时候，一个妙语连珠的人往往只是在浪费子弹，而一个不善言辞的人却可以快速谈成一笔订单，这就是心理突破的技巧。

战国时期，楚国有一个专门卖矛和盾的人。他先向大家推销自己的矛，称自己的矛是世界上最尖利的武器，没有任何一样东西能够抵挡得住它，它可以随意穿透任何东西。之后，他又向众人推销自己卖的盾，他说，自己的盾是世界上最坚硬的盾，没有任何一样东西能够刺穿它。结果，一个围观的人要求他用自己的矛刺自己的盾，卖矛和盾的人听了无言以对。

破案神探在审讯犯罪嫌疑人的时候，经常发现嫌疑犯说的话前后矛盾，此时只要针对这一自相矛盾的说法深入追问，往往就能攻破谎言。

有这样一个案例。法庭上一个因为交通事故造成受害人死亡的案件正在审理当中，肇事者因为交警定的“全责”而被追究刑事责任。但被告的辩护律师在查看资料时发现，案件中存在着颇多的疑点和矛盾之处。

在警方的道路交通事故责任认定书上清楚地表明，范某在驾车行驶至路口转弯处时撞上了一辆私家车，导致私家车驾驶员抢救无效死亡，交警认为范某应当负全责。由此，范某被当地检察院批准逮捕，并提起了公诉。

辩护律师在研读公诉方提交的案卷材料时发现，警方在取证的时间和地点上明显不符合相关法律的规定，如“询问证人应当个别进行”，但案件中两名交警向两名证人取证的时间出现了重合，地点也是同一个地方。范某的亲属还表示，在两名交警取证的过程中，有一个交警在和事故当事人家属谈论有关民事赔偿的问题，根本就没有时间完成取证任务。

另外，根据证人提供的信息，他在现场看见肇事司机打电话报警，数分钟后自己也打电话报警了。但公诉方提供的信息是，肇事司机和证人报警的时间只有 10 秒之隔。报警时间也会出现两个版本？这又是一个疑点所在。

更为重要的是，公诉方提供了一张关于当天事发过程的录像光碟，可这一光碟没有任何来源依据，并且警方也曾强调过，事发现场的路口监控视频在案发时并没有启用。

当这些疑问和矛盾提出之后，公诉方始终没有给出合理的解释。当被告的辩护律师在法庭上要求对方提供视频的来源时，他们只说视频取自附近一家单位，并且有笔录证明。

但最终所谓的笔录证明一直都未出现。实际上，本案已经很明显了，公诉方的证据存在明显的矛盾和疑点，不足以证明被告应负刑事责任。这本是一场普通的交通肇事案，但如果法院忽略了这其中的种种疑点和矛盾，很有可能就会出现错判。

从古至今，这种自相矛盾的情况并不罕见。

明朝文人冯梦龙曾经写过这样一篇小说，说的是一位大户人家的子弟，他的父亲在朝廷担任内阁大学士，名望和权势都不小，他屡次应试，却屡试不中，全家族的人甚至都开始鄙夷他，而他的儿子第一次参加殿试时，就被钦点为状元。这件事经常被他的父亲拿来取笑，并责备他丢了全家族的脸，幸好还有孙子可以帮家族争口气。此人很是气恼，自己考不中状元本来就很郁闷了，现在反而还要整天遭受父亲的责骂。

终于有一天，他实在忍不住了，便对父亲说:“我的父亲是朝廷内阁大学士，可你的父亲不过是一介渔夫；我的儿子是钦点状元，可你的儿子呢？只不过是一个永远都考不中的书生。这样一来，你的父亲比不上我的父亲，你的儿子又比不上我的儿子，说明你比我还尚差一截，为何还骂我、责怪我呢？”这位白发苍苍的老人被儿子的一席话说得哑口无言，转而哈哈大笑。此后，再也没有责备儿子了。

这就是借力打力、以子之矛攻子之盾的说话术，在贬低对方的同时也间接赞扬了对方，对方想要辩驳却又无从下手。

第五节　困局心理影响术

在面对嫌疑犯时，审讯并不总是进行得如预期般顺利，往往也会遇到一些难以控制的局面，如双方僵持的局面。此时，审讯者就要运用一些技巧和心理术来打破这种僵持的局面，推动审讯的进行。

坦承错误

一次，FBI 特工在现场解救一名被当作人质的 8 岁小男孩时，由于其中一名 FBI 特工的手枪忽然间走火，将歹徒误伤。虽然最后歹徒被顺利制服，但在面对审讯时他很是强硬，口口声声说 FBI 特工是个骗子。事实上，当天在现场，FBI 特工查尔斯始终在做歹徒的思想工作，并保证只要歹徒不伤害孩子，马上放下武器，会将歹徒定性为自首，罪行也会减轻，可眼看就要成功时，守在屋外的一名 FBI 特工的手枪走火，一颗子弹刚好打中歹徒的右臂，查尔斯顺势将孩子抢了过来。歹徒见状大喊："你这个骗子，我就知道你们想杀了我！"说着试图从窗口逃走，但 FBI 特工们已经围堵在四周，最后将歹徒抓捕。

在审讯室里，审讯一度陷入了僵局。后来，警官查尔斯走了进来，首先向歹徒道歉，深深地鞠躬，并说："我感到很抱歉，突发状况我也没想到，对不起，这都是我的错。"嫌疑犯一听先是一愣，然后打量了一下查尔斯；随后当天手枪走火的 FBI 特工也走了进来，并说那是因为手枪走了火，实在是抱歉。嫌疑犯没想到他们会道歉，心中的怒气顿时平息了下来，后来在查尔斯的耐心劝说下，嫌疑犯终于承认，挟持孩子是因为孩子的父母欠了他 1 年的工资，他也觉得对一个 8 岁的孩子下手很不忍，现在很后悔。

本案中，FBI 特工查尔斯及时地向被误伤的歹徒致歉，显然是出乎嫌疑犯的意料的，这其实也是一种心理策略。向歹徒致歉，一方面出其不意，另一方面能够顺利地使嫌疑犯冷静下来，暂时稳住他。等到嫌疑犯冷静下来之后，理智便会占据上风。我们在日常人际交往中也是同样的道理，相信每个人都会出现失误，出错之后最好的办法还是坦诚（即便你心里并不认为错误全在你自己），对方如果感觉到真诚，也会顺利压住他的怒气，巧妙化解困局。

转移话题

据 2009 年媒体曝光的消息称，在司法部门新侦查条例的考试中，FBI 有很多考生违反规定，相互抄袭或开卷考试，很多人早早就交卷。消息一经传开，立即引来了各界人士的关注，美国国会对此也相当重视，下令 FBI 尽快查出事情真相并给出一个合理的说法。2010 年 7 月的一天，美国国会质询当时的 FBI 局长罗伯特·穆勒，他回答说：“如果问我究竟有多少人作弊，我不知道，但我怀疑你们也不知道，因为一切都是子虚乌有的事。”紧接着他还说，在考试之前，FBI 已经针对此次考试对特工们进行了十几个小时的培训，然后才进行的开卷考试；至于开卷过程中大家参考的资料，都是在培训的时候做的随堂笔记或者其他的资料，但都是独立完成的；提前离场现象，只能说在任何一场考试中都会出现几个优秀的好学生，如果因为提前离场而受到惩罚，今后还有谁敢做好学生？最后，穆勒还说，他完全相信这些探员们的品格，因为FBI一直是国家安全的守卫者，一代代作出过很大的贡献，他们应当得到的是信任和尊敬，而不是质疑。

穆勒局长的这番话显然很有技巧，面对被质询的僵局，他巧妙地用“优秀的好学生”来解释媒体对提前离场的质疑，还将话题成功地转移到FBI为国家作出的巨大贡献上，同时转移了大家的注意力。

审讯者在审讯嫌疑犯时，如果发现对方在某个问题上出现抗拒心理，也会使用类似的方法转移话题，进而转移其注意力。可以从其他角度切入，一步步引导其向主题靠拢。在审讯或谈话中，对方的情绪很重要，最好还是将话题转移到情感上，给对方创造释放不良情绪的机会。

沉默战术

“9·11”事件之后，外界对FBI与CIA等情报部门的指责愈演愈烈，更不断有消息称，在“9·11”事件发生的前几个月，美国政府的众多高官都已经得知了可靠消息。媒体将矛头指向了FBI和

CIA，认为这样的惨剧本不该在FBI与CIA的眼皮子底下发生，并指出事发之前，CIA已经得知了两名劫机者的相关情况，并得知他们在2000年年初参加了“基地”组织于马来西亚召开的一个会议，却并未采取任何防范措施；甚至“9·11”事件的遇难者家属也开始对FBI和CIA进行猛烈的批评和指责……

面对外界的种种指责和批评，FBI与CIA自然不会坐视不管，但他们自己也很清楚地知道，现在站出来反驳大家，并非最好的选择，甚至还会让这两大情报机构的功绩被掩盖，事情也会越描越黑。因此，FBI和CIA选择了以沉默应对外界舆论。

在接下来的几年时间里，FBI的情报战绩一直在不断突破。2011年5月2日，在情报机构的支持下，美军海豹突击队在巴基斯坦的一次行动中将本·拉登一举击毙；同年8月，美国无人机又将“基地组织首席执行官”拉赫曼击毙。这两大事件让美国各界对FBI刮目相看，之前的指责声也渐渐被赞扬和欢呼声淹没。

而对于CIA来说，这次的“9·11”事件无疑就是一个转折点。该事件之后不久，CIA马上行动起来，为了适应打击恐怖分子的需要，美国政府对其进行了自CIA成立以来速度最快、幅度最大的一次机构改革，CIA特工在向前线提供有价值的信息方面作出重大的贡献，CIA的地位也空前提高了。

可见，在敌对意见的攻击下，最好的办法就是先不要开口，以沉默应万变，等到时机成熟时再用事实说话。

转身离开

在审讯中如果对方不肯合作，审讯员可以告诉他，前面已经花费了很大的精力，就是因为想帮助他，不愿意一个无辜的人走进监狱，既然他不肯合作，那谈话到此为止。说毕，起身准备离开，这样一来，被调查者通常会马上转变态度。

假如被调查的犯罪嫌疑人表现得犹豫不决，那调查员就用手指着门，严肃地说："起来，你离开吧！"此时，多半的嫌疑犯都不会轻易离开，往往会很激动地留在原地。假如嫌疑犯真的起身准备离开，调查员应该说："在你离开之前，最好想一下接下来会发生什么！"调查员发现，很多嫌疑犯在这个时候通常会站在原地，并重新考虑与调查员合作。调查员也可以"威胁"被调查者，明确表明这是他唯一的坦白机会了，因为调查员已经搜集到足够的证据，在还没向法院提出控诉之前，这是仅有的解释机会了。

变换姿态

有一个和身体语言相关的办法很有效，那就是想办法改变对方的身体姿态。转变身体姿势会改变一个人的心理状态。审讯者在审讯嫌疑犯的过程中，可以适当地引导其转变身体姿势，引起嫌疑犯心理上的波动，有助于打破其不合作的僵局。研究证明，当一个人的身体长期处于一种姿势时，很容易造成心灵的呆滞，思维停顿不前，立场转变也就更加困难了，而身体的移动则恰恰可以帮助其解除心灵闭锁，立场转变才更容易。比如，当谈话陷入僵局的时候，审讯者可以递给嫌疑犯一支烟，也可以中途休息；如果仅仅是一般的谈话，还可以邀请对方跟自己出门走走，这样两人可以边走边聊。这种利用身体姿势的转变来改变其主观态度的方法，往往会收到意想不到的效果。

第七章

巧妙说服术

运用心理影响术的一个最主要的目标就是要说服对方，让对方无法说“不”。这已不仅仅是破案神探的独门心理秘籍了，因为这些心理技巧早已被广泛应用于日常生活之中。你想知道怎样说服人心才最为有效吗？在这一章中，破案神探将教你巧妙说服术，让你在不知不觉中成为说服高手。

第一节　自己人效应——被信任很重要

要想说服一个人，信任是很关键的，假如对方不信任你，那无论如何他都不可能被说服。

不过，要想被信任还是需要一定的条件的。

找到共同利益

心理学中有一个自己人效应，就是说在做说服工作时，要力求让对方的观点与自己趋同，尤其是让对方发现双方之间存在的共同利益。

有一个著名的实验。被测试对象被随机分配，两人一组，但每一组的两个成员被分别安排在两个房间内，不可见面，每个人都能够得到 10 美元。参加实验的 A 组被告知，他们可以自愿将自己手中的 10 美元的一部分交给各自的搭档（B 组），而 B 组得到的钱是 A 组交出的钱财的 3 倍，也就是说，当 A 组交出 5 美元时，B 组将会得到 15 美元；与此同时，B 组的成员也被告知，他们可以将自己得到的美金全部或者部分返还给 A 组，甚至可以不返还。

心理学家分析，在这个实验中，A 组交出的钱其实代表的是信任，B 组后来返还的钱则代表可信度。如果他们之间一点信任都不存在的话，A 组的成员不会把钱交给 B 组成员，这中间还有一个付出与回报的等价问题；同样的道理，假如 B 组的可信度不高，不相信 A 组会再次将钱交出来，那么就不会返还得到的美金。结果实验得出结论，如果 A 组有 75% 以上的人选择交出一部分钱给 B 组，那么 B 组的返还率就会更高。

由此可见，信任应该是相互的，一方的信任将会唤醒对方的信任。而自己人效应告诉我们，如果从利益角度出发，寻找到双方之间存在的共同利益，甚至乐于与对方分享自己的利益，便会迅速唤醒对方的信任，进而达成一致意见。

寻求共鸣

FBI 曾经在处理一起毒品交易案件时碰到一个很难缠的人——阿尔瓦·卡尔林斯，尽管这个人在审讯室内已经待了足足一个月了，但在面对审讯时，他依旧保持镇定，一点儿信息都不肯透露，也没有人能够百分之百确定他与这次的毒品交易有直接关系。因为 FBI 特工搜查到毒品的地点是在一家服装店，而阿尔瓦仅仅是这家服装店负责货品验收的验收员。

一天，一位名叫丹妮尔的 FBI 女特工来到这间审讯室内，坐在阿尔瓦的对面，看到面无表情的阿尔瓦，丹妮尔开口就说："我很清楚你与这次的毒品案有关，但你可以不被起诉！"听了这句话，本来面无表情的阿尔瓦露出一丝欣喜，眼神也不一样了。这种变化不明显，但却被丹妮尔看在眼里，于是丹妮尔接着说："我的看法是，应该被起诉的是那些一直假称是你的好朋友的人，真正在背后操作的是他们，而不是你阿尔瓦！我们都是好人，他们才是坏人！应当受到惩罚！”

听了这样的话，阿尔瓦再也按捺不住内心的愤懑：“你说得太对了，他们坏透了，我那么卖力地为他们做事，却只给我那么一点报酬，结果还得我在这里为他们承担罪责！”阿尔瓦愤怒的表情、犀利的眼神，让丹妮尔确信这正是她想要的结果。

“阿尔瓦，喝点东西吧，向我说说你心中压抑已久的愤懑，我想这一切不该由你来承担，让真正的操作者自己来接受报应吧！”说着，丹妮尔已经将一杯果汁推到了阿尔瓦的面前，阿尔瓦并不拒绝。在接下来接近半个小时的时间内，阿尔瓦说出了真正的贩卖毒品的幕后黑手，FBI特工根据阿尔瓦提供的线索，迅速逮捕了20多名嫌疑犯。

丹妮尔之所以成功说服阿尔瓦说出了真相，一个关键点就是，她知道阿尔瓦的心理弱点并找到了进一步交流的共同意向。首先，丹妮尔一句简单的“但你可以不被起诉”，让接受了一个月审讯的阿尔瓦看到了一丝希望，这是一句很有吸引力的话，也是绝大多数罪犯的共同心理。因此，在这个能够帮助自己“不被起诉”的女特工面前，阿尔瓦渐渐放下了心理戒备，紧接着丹妮尔又迅速找到了能够让谈话进一步进行下去的共同意向——真正应该受到惩罚的是在幕后的操纵者，而不是被利用的阿尔瓦。这样一来，丹妮尔就取得了阿尔瓦的完全信任，同时为了尽量给自己减少罪名，以及不被起诉，阿尔瓦说出真相自然就在丹妮尔的意料之中了。

投其所好，内部离间

破案神探认为，审讯时不宜和嫌疑犯形成对立局面，这样反而得不到任何有价值的信息。因此，有必要采用心理战术，在一开始就与对方建立统一战线。

如果双方观点无法达成一致，或者对方似乎比你还要强势，那么，此时不妨采用投其所好的心理战术，即先不要急着去反对和否定对方，而是假装逐渐向他靠拢，在肯定他的意见的基础上，再提出自己的看法，这样一来就不会形成正面冲突，也可以让对方在这个过程中逐渐发现你的看法也是可取的。同时也可以让对方在不知不觉中自己说出真相。

在日常生活中，认可能够促进信任关系的迅速建立，有效拉近双方的心理距离；等到获得了信任之后，再潜入对方的内心，一步步地引导对方推翻自己的观点，从而接受我们的意见。

美国纽约市曾经出现了一起连环广场持枪抢劫案件，根据证人提供的线索，作案人是一群20岁左右的年轻人，作案的手段看起来非常老练，并且在作案后迅速消散在四周。FBI特工认为，这群作案人员虽然年龄不大，但一定不是普通的抢劫小组，他们的背后肯定还藏着一个老大。于是，FBI特工对该团伙迅速展开了调查，并派遣了一个特工以“投靠者”的身份潜入该团伙内部，像很多出色的卧底一样，这名“投靠者”首先取得了团伙内部的完全信任，摸清楚了该团体的人员数目、集中作案的地方、地形地势等。他还跟着大家一起作案，并凭借其本身的出色本领为该团伙立下了功劳，在这期间，“投靠者”将搜集到的有价值的信息及时地反馈给了 FBI 特工。更精彩的是，当该“投靠者”的地位逐渐稳固之后，他开始离间团伙内部成员的关系，特别是几个领导人，渐渐导致他们之间出现了信任问题，到最后冲突愈演愈烈。FBI 特工不失时机地出现，该团体四分五裂，全部落网。

在一场谈话或审讯中也是同样的道理，首先假装认同对方，在此基础上潜入其内心，采用离间分解战术，让他自己的观点不攻自破，这也是攻心策略中最高明的一项心理术。

欲擒故纵

怎样说服对方，并且还可以不露痕迹？破案神探发现，采用欲擒故纵的心理战术可以迅速使对方解除戒备心理，在不知不觉中便被说服。

美国某大学曾经遭到恐怖分子的袭击，并且导致 5 名学生死亡，1 人受伤。FBI 特工迅速展开调查，并抓获了犯罪嫌疑人加菲尔德·津巴多。在开始审讯的时候，这个人并不合作，还说自己和真正的连环杀人犯是完全不一样的。重要的一点是，加菲尔德并没有掩盖自己曾经杀人的事实。其实，根据FBI特工的分析，加菲尔德确实和那些连环杀人犯是不一样的。

所谓连环杀人犯，就是在前后两次作案之间有一段时间间隔，FBI称之为“冷却期”。他们在作案时往往带有某种情绪，这种情绪具有周期性，当这些情绪发作时，便是杀人案件发生的时候了。而加菲尔德被FBI划进了“规模杀人犯”的行列，这类人的作案特点是在同一次行动中至少杀害两名被害者。

当天，加菲尔德潜入大学宿舍的时候，他最初的目的并不是杀人，他手持枪支与匕首敲开一个宿舍的门，并将前来开门的女生绑了起来，还说他只想盗走一些钱财。但就在该宿舍的其他几个舍友赶回来的时候，加菲尔德忽然改变了想法，并迅速开始了强暴和虐杀行为。其中一个女生因为害怕躲在了一个角落，才幸免于难。后来她告诉FBI，加菲尔德的左臂上有块紫色的刺青。

大概一个星期之后，加菲尔德在家中自杀未遂，被送进医院，院方发现他胳膊上的紫色刺青，便立即向FBI报告，接着加菲尔德便被抓获。FBI特工约翰·道格拉斯和安德鲁·加博尔在查看他的卧室时，发现加菲尔德收藏了不少色情刊物。

审讯开始时，加菲尔德自己坐在了会议桌的上座，这就意味着他的位置将比FBI特工的还要高，加菲尔德的不合作增加了审讯的难度，他甚至大骂脏话。约翰和安德鲁为了化解加菲尔德的敌意，他们俩坐在加菲尔德的对面，针对加菲尔德的案情彼此交谈，好像加菲尔德并不在场一样。“知道吗？那个家伙杀害了五个年轻美貌的女子，另外一个还身受重伤，这太不公平了！”两个人一唱一和地说着与案情相关的细节。

一边的加菲尔德时不时地瞄着这两个人，10分钟后他忽然很不屑地开口说：“我还以为你们这些FBI特工有多么正派，结果还不是与我没什么差别吗？”约翰见状，转向加菲尔德问道：“兄弟，你究竟是怎样一下子干掉5个女人的？”加菲尔德的眼神仿佛一下子变得虚空起来，他喃喃地说道：“其实我只强暴了一个女人而已。”“就是给你开门的那个女人吗？”约翰接着问道。“是的。”加菲尔德很诚实地回答。

实际上，从一开始约翰和安德鲁展开这样的谈话时，他们就感觉很不适应，甚至觉得恶心，不过这个办法对加菲尔德来说很奏效。约翰从中了解到加菲尔德并不具备一般男性应该具有的自我意识，加菲尔德明白自己没有同时控制多个女人的能力，但却希望在进攻别人的过程里获得刺激。

从现场的照片分析，约翰和安德鲁认为，加菲尔德当时强暴的是一个被他推倒并趴在地上的女人，因为脸部向下，让加菲尔德认为她是个非个性的物体。此外，约翰发现，加菲尔德并不是一个思维缜密、做事有条理的人，约翰在审讯前也查阅到一些关于加菲尔德的资料，这对接下来把握其行为和心理的变化起到了不小的作用。而真正攻入加菲尔德内心的，还是约翰和安德鲁针对加菲尔德所模仿的对话，这使得加菲尔德看到了与自己相似的人，并从心里不再排斥与他们接触。

研究发现，如果一个人具有抵触心理，那么此时采取强硬的态度逼迫其就范，很可能适得其反，引起他情绪的波动，反抗也会更加强烈；但如果你顺应了他的本意，给予他最希望得到的，那他才会容许你潜入他的心里，此时，你的“故纵”将会收到意想不到的效果。

这种方法在日常生活中也很常见，如推销员向顾客推销某款汽车，在顾客看来，推销员或许恨不得自己买下全场最贵的车子，但如果这位推销员懂得心理战术，往往会这样说：“这两款车子在性能上其实没有什么区别，我个人认为还是这一款的性价比比较高，我在这里给您透个底儿，这款在我这里卖得是最好的，因为我一直凭良心为我的顾客服务，我哥哥今年也要买车呢，我就给他推荐了这款性价比高的。”顾客原本的想法被这番话彻底推翻了，不知不觉间产生了“心理落差”，也就开始信任这位推销员了。

适当的距离

我们已经知道，根据关系的不同，人与人之间的空间距离也是有所区别的。破案神探认为，在审讯嫌疑犯的时候，最好不要在双方之间摆放桌子之类的障碍物。审讯者与嫌疑犯之间的距离可以保持在 60 ~ 90 厘米的范围内，这样便不会留给对方心理上的空白空间，适当的压力反而对审讯有一定的好处；反之，距离太远或中间有桌子，便给了对方足够的心理空间，不利于审讯的进行。

研究发现，距离对方 30～40 厘米时进行的热心劝说，得到对方的首肯所需时间最长，而距离对方 90～120 厘米时，得到对方首肯所需时间最短。因此，保持适当的身体空间距离也是说服工作成功的一大关键因素。

第二节　从众效应——大家都招了，你还不招吗

美国著名的心理学家所罗门·阿希曾经做过这样一个实验。首先邀请一组大学生，并提前告诉他们实验的目的是测试视觉能力。实验的过程是这样的：实验者要求5位大学生坐在实验室的门前，后到的人接着坐在第6位、第7位……实验正式开始时，阿希将一张画有一条线段的图片和一张画有三条不等长线段的图片拿出来给大家看，并让大家比较一下这些线段的长度，然后指出哪两条线段是等长的。实际上，线段的长度很容易判断。开始时，前两个人首先作出了自己的正确判断；接着，阿希便让他事前安排好的5个人一个接着一个地进行判断，结果他们都一致并且十分肯定地认为这些线段都是一样长的。于是，后面的人都开始犹豫不决了。结果到实验结束，总共进行的18次判断中，有76%的人至少做过一次从众选择，只有少数人没有从众。

通过这项实验我们可以看出，当人们发现一种行为或现象有很多人正在从事或参与时，便会自觉或不自觉地以多数人的意见与想法为准，下意识地说服自己跟随大家的脚步，这是一种较为普遍的从众心理。FBI特工在实际的工作中也会经常利用这种心理。

FBI特工曾经破获了一个盗车集团，当时总共有十几个人被抓捕，但FBI特工知道其背后一定还有更为强大的组织，于是迅速展开审讯和调查工作。要说服一帮犯罪分子交代真相，这本来就没有那么容易，但经验丰富的FBI特工将他们分开审讯，在其中一间审讯室内，FBI特工是这样对嫌疑人说的："鲍勃，我想你应该向你的同伴们学习……"鲍勃抬眼看了看特工，一脸狐疑，然后反驳道："胡扯，我的兄弟是不会出卖我的！"此时，特工已经将一叠资料摆在了鲍勃的面前，"出卖你什么？不过，你还是自己看看吧，这是我们根据口供记录下来的资料。"

鲍勃犹豫着翻开了资料袋，表情渐渐由愤怒变成凝重、慌张，接下来在特工的耐心劝说下，鲍勃终于承认了事实。

实际上，FBI特工利用的正是人类的"从众心理"，当一群人都纷纷弃械投降的时候，剩下的人就很难再有坚持下去的勇气了。而事实上，资料中那些"弃械投降"的人的名单都是FBI特工的一个幌子而已，资料中记载的信息也仅仅是FBI特工根据调查得到的部分信息罢了。

当两个人或更多的人的口径一致，促使某个人实施求同行为时，很少有人会做出不同的选择，并且随着人数的增加，求同率也会越来越高。我们在试图说服别人时，最有效的办法就是要有几个相似的人作为旁证，借以向其施加压力。有实验表明，能够顺利引发求同行为的人数是三人到四人，效果最佳的应该是五个人里面有四个人的意见完全一致。

但很多时候，这样的方法往往要受到客观条件的限制，在一对一的谈话或审讯中尤其如此。但如果巧妙地引进你的支持者，也会提升求同率。

日常生活中，很多人为了被喜欢、被认可，必然会做出一些从众行为。心理学家分析，从众在生活中很常见，从众心理也是人类普遍具有的心理弱点之一。在一个群体中，当人数超过一定的数量时，从众行为出现的概率就会增大。我们来看看中国古代历史上的一个小故事。

孔子的弟子曾参为人至仁至孝，道德品质也非常优秀，他的母亲对他的为人尤为了解。有一次，曾参出远门，没有按照预定的日期归来。某一天，他的母亲忽然听到有人说她的儿子曾参杀人了，开始时母亲根本不信；但不久又有一个邻居来告诉她说曾参杀人了，母亲开始怀疑了，半信半疑；等到第三个人再来传达这个消息的时候，曾参的母亲马上就放下手中的针线活，翻墙逃走了。

从众行为也与群体成员的权威有一定的关系，如果这些提供意见的人都是权威人士，那么即便提供了错误的意见，也会有人跟随。

第三节 顺水推舟——快速突破心理防线的诀窍

顺水推舟，归谬说理

所谓顺水推舟，就是因利乘便，视时机而动，将计就计，看似顺应了对方的意愿，实际上只是抓住关键，将对方引入我们的圈套中来。《伊索寓言·不忠实的受托人》中就说到：如果遇到谎话说得非常离奇的人，想用论证来击破其谬论，反而显得太过于郑重其事。

《史记·滑稽列传》中记载，楚庄王有一匹心爱的马，可马因为被喂得太肥而死亡。楚庄王痛失爱马，想用“棺椁大夫礼”为爱马举行丧礼，众大臣纷纷劝谏，但楚庄王始终坚持己见，甚至发怒道：“谁要再来阻止我为我的爱马举行丧礼，我就处死谁！”

大臣优孟得知此事，进入殿内仰面号啕大哭，楚庄王很惊讶，忙问缘故，优孟说：“那匹马是大王的最爱啊，但如今它就这样去了，堂堂楚国，我们什么排场摆不出来啊，可大王您只以大夫的丧礼排场来办，岂不太过寒酸了？照我看，应该以国君的葬礼规格来安葬这匹珍贵的马儿。”

楚庄王听后又惊又喜，忙问：“那我该怎么办？”优孟接着说：“应该用雕花的美玉给马儿做棺材，用最上等的梓木为马儿做外椁，以樟木等贵重木材为马儿作装饰；派遣上千名士兵修筑坟墓，让老人和孩子也来背土筑坟；送葬的时候，齐国和赵国的使节走在前列，韩国与魏国的使节紧随其后；葬礼结束后还要给马儿修建祠庙，以太牢之礼来祭祀它；用一个一万住户的城邑加以供奉。如此一来，天下无不知晓大王对马儿的厚爱了，影响必定相当深远。我们大王把马看得比人民还重，却将人看得如此低贱。”

楚庄王听到这里，终于明白了过来，险些酿成大错，最终打消了要行大夫之礼厚葬爱马的想法。

事实上，楚庄王的以大夫之礼葬马本来就是一个很荒唐的念头，众臣劝谏均被挡回。优孟认为，如果再一味地从正面劝谏阻止大王，势必不会成功，甚至还会引来杀身之祸。因此，聪明的优孟就从反面出发，采取顺水推舟、火上浇油之计，顺着楚庄王的主意将事情的前因后果夸张地表达出来，尤其是在预测结果的时候，优孟将最严重的局面说出来，像一声闷雷顿时惊醒了楚庄王，成功说服其改变了当初的念头。

这个突破对方心理防线，破除对方的心理定式的妙计的高明之处就在于，优孟一开始是顺着楚庄王的意愿，一步步引导他随着自己的思维逻辑走下去，直到为其展示一个荒谬无比的结局为止，从而达到了说服的目的。

这种方式也被称为归谬说服，这种说服方式并非直接反驳对方的错误观点，而是先假设对方的观点有道理，在此基础上引申出一个或一系列荒谬的结论，进而让对方心悦诚服地放弃原本坚持的错误观点，接纳说服者所灌输的思想。

另外，还可以首先提出一些问题，让对方自己谈谈见解，其间就算有错误的地方也不要急着指出来，而是不断补充问题，诱导对方由自己的观点得出一个荒谬的结论，这样他的错误也就不攻自破了，进而接受你所灌输的想法。

顺水推舟，请君入瓮

相传在战国时期，孟子曾游说齐宣王。当时齐宣王好大喜功，讲究排场，生性喜好狩猎，为了满足自己的喜好，他在临淄城郊修建了一个方圆40里的猎场，专门用来蓄养麋鹿等珍禽异兽，以便日后狩猎。事实上，在当时的诸侯国中，如此之大的猎场算是破格之作了，百姓对此怨声载道，但齐宣王依然嫌太小，不满意。

孟子来到齐国后，首先就听闻了这件事，并了解到齐宣王为了修建猎场，不惜杀害进入猎场的百姓的残暴行为。见面后，齐宣王问孟子说："我听说当年的周文王拥有的猎场可是方圆70里呀，有这回事吗？"孟子回答："据说是有的。"齐宣王一听，接着问道："既然真有此事，那他的猎场该算大吗？"孟子说："百姓还觉得它太小呢。"齐宣王立即表示不满："我的猎场才方圆40里，为何我的百姓却嫌它太大？这算怎么一回事！"孟子见状便说："周文王虽然拥有方圆70里的猎场，但他在里面多放养幼小的动物，且与百姓同游同猎同乐，百姓自然嫌小，这是很正常的事啊！我到齐国之后，进国门要先问问这里有什么禁忌，然后就听说了您的猎场的事情，大家说，如果有人进入您的猎场内捕杀动物，罪同杀人，可见虽然只是 40 里的猎场，却如同一个大大的陷阱，老百姓认为它大，不也是很正常的事情吗？”

齐宣王听完孟子的话，不由得低头思索良久，觉得孟子的说法很正确，从那之后，就不再修建猎场，也不再禁止百姓入内了。

孟子的一番话之所以能够说服齐宣王，是因为他善于在说话时使用归谬说服的技巧。要想说服对方，讲话时不能只顾自己，而是要紧紧抓住重点，把对方引进自己的圈套中来。这种方法类似于以子之矛攻子之盾，在论辩中因势利导，一步步引导对方走进自己设的局中，直到走向荒谬的极端，然后再集中火力，趁势攻击，对方不知不觉便被说服了。

第四节　逐层深入——直达人心的步步制胜法

以情动人，达成共识

众所周知，林肯在成为美国总统之前是一位很有名的律师。他的雄辩才能是公认的，在其滔滔不绝的辩论中又不失确凿的证据。一次，林肯听了一位老妇人的哭诉，顿时感到愤怒至极，表示一定要为老人讨回一个公道。原来这名老妇人是美国独立战争时期的烈士的遗孤，每个月就凭借着很少的一部分烈士抚恤金来维持生活，但近期当她再去领取抚恤金时，出纳员竟然要求她支付一笔手续费，否则就领不到抚恤金。很显然，这是敲诈勒索。老人便找到林肯，希望这位有名的律师能够帮助自己打赢这场官司。

但实际上，打这场官司并不容易，因为对方仅仅是口头勒索，并没有事实凭据，面对老人的申诉，出纳员并不承认，形势对老人十分不利。此时林肯站起来，并没有直接进入主题，而是叙述了在美国独立战争时期人民所遭受的苦难，很多爱国的志士仁人是怎样为了国家获得自由而努力拼搏、不怕牺牲，身在冰天雪地依然奋力战斗，直到流干最后一滴血……此时林肯情绪激动，言辞也变得犀利，矛头顿时指向了被告，“如今，那些烈士早已长眠地下，但他们年老可怜的遗孤还在我们的面前，请求我代她申诉。

大家看看，这位老人曾经不也是年轻貌美的姑娘吗？她也有过幸福美满的家庭，但她已经失去了这一切，如今变得孤苦无依，只能享受着先烈的荣誉，向我们求得援助和保护，试问，我们可以视而不见吗？”

这番话很有感染力，那位出纳员已经深深地低下了头，陪审团成员也都被感动得眼圈泛红。法官最终作出判决，任何勒索烈士抚恤金的行为都要受到严厉的惩罚。就这样，老人的官司赢了，并且拿到了属于她的钱。

在这个例子中，林肯在没有任何确凿证据的情况下，感动了与自己毫不相识的陪审团和被告人，利用大家的情感共鸣帮助老人赢回了抚恤金，不得不说是一种极为巧妙的说服技巧。其中的关键在于，在座的陪审团成员也在享受着烈士们用鲜血换来的成果，因为没有先烈们的拼死奋斗，就不会有今天幸福的生活。大家如果能够维护独立战争时期的英雄烈士的权益，就在一定程度上认可了他们的后代获得补偿的权利，那么，这位老人自然就有理。

在试图说服对方的过程中，要适当地运用对方或大众的情感为我们的观点服务，但前提是我们想要给对方灌输的观点一定是正当的，并且是不损害他人利益的。只有寻找到情感上的共鸣，才能达成一致，在特定的情境下，情感表达的感染力是非常奏效的。

抽丝剥茧，各个击破

被告人罗伯特的妻子安琪儿的双胞胎妹妹安娜在一次争吵中，不小心将卡罗琳打伤，双方经调解后决定，安娜需赔偿卡罗琳全部医疗费用。事后安娜不服气：明明自己也是受害者，为什么要我赔付全部的医疗费用？于是，她迟迟没有进行赔偿。之后卡罗琳的先生迈克尔多次上门催讨，安娜始终拒绝赔偿，为此安娜和迈克尔发生了多次争执，其间迈克尔说了一些难以入耳的辱骂话语，这让安娜的姐夫罗伯特很不爽快。于是，第二天他便带上好几个人前往迈克尔家，对迈克尔一顿教训，不慎将迈克尔打昏过去，经医院抢救才得以脱离险境。

由此，双方再次打起官司，在法庭上原告和被告的律师双双展开了辩论。被告说："罗伯特是因为迈克尔辱骂了他的妹妹，才前去找迈克尔理论，但迈克尔竟拿出匕首欲伤害罗伯特，罗伯特是出于自卫才将迈克尔打伤，这里还有迈克尔自己亲手写的字据为证。"说着律师向法官呈上一份写有"愤恨难消，持刀伤人"的字据。

此时，原告律师迅速站起身来，针对被告律师方才的一番话进行辩驳，他说："纯属颠倒是非，真实情况大家都清楚，是罗伯特半夜找来一帮人前往迈克尔家中殴打迈克尔，迈克尔出于自卫才拿出了匕首，但被人多势众的罗伯特一行人抢走，还逼迫迈克尔写下'愤恨难消，持刀伤人'。"

接着，被告律师声称留在现场的血迹，分不清楚究竟是什么血，是宠物的血也说不定，所以不能判处被告有罪。此时原告律师做出反驳："现场的血迹经法医鉴定，已经确认完全吻合原告的血型。另外，多位邻居也可以证实当天的群殴行为。"

这个时候，被告律师转移话题，他说原告的伤势并不严重，曾在治疗期间自行驾车外出，现在又安然无恙地在法庭上出现，足以说明是轻伤，所以被告并不构成伤害罪。原告律师就此提供了一份医院的验伤单，被告的狡辩再次被攻破。

就这样，被告律师的狡辩被原告律师一个个击破，犹如抽丝剥茧般，最终让事实呈现出来。生活中，如果你要说服的对象总是能够找到狡辩的理由，那么，不妨针对他的狡辩逐一击破，直到他理屈词穷、接纳你的观点为止。

抓准最佳的时机

要想说服一个人，会受到很多因素的制约，其中还包括说服的最佳时机。任何人的身心都会受到一种"生物时钟"的支配。清晨时分，人的意识最为清晰，这个时候不适宜做说服工作；而一旦到了夜幕降临的时候，也就是黄昏时，一天的工作压力已经使人精疲力竭了，同时意识也没有清晨的时候清晰，精神最脆弱，也最容易被说服。不过，需要注意的是，在开口说话之前，要看清对方的脸色，很多人在疲惫和烦心的时候，不希望被任何人打扰，更加不容易平心静气听别人的"唠叨"，因此也很容易出现更加糟糕的状况。

戴尔·卡耐基曾经说过，对于说服者来说，把握时机非常重要，但何时才是最佳时机，并没有明确的规定，主要还是要看当时的情况和当事人凭借经验和感觉而定。在中国历史上也有不少表达类似意义的小故事。

著名心理学专家丹尼尔斯·吉尔伯特也说过："任何人在疲倦的时候，都很容易被说服和欺骗。"这是因为人在疲惫的时候如果想打起精神来分辨事实，头脑的清晰度还是远远低于清晨，很多重要的信息在疲倦之时都会被低估。正因如此，FBI 的执法人员往往会剥夺嫌疑犯的睡眠时间和饮食分量，导致他们快速进入疲倦状态，再在他们疲倦的时候进行审讯。事实证明，这样的方法很奏效。

当然，在日常生活中，说服的最佳时机随处可见，关键还要当事人及时准确地观察分析和灵活应变。

比如，领导最近心情不好，下属最好不要犯错，当领导面露红光的时候，下属可以趁机提出加工资的问题；再如，当我们有求于人时，可能在办公桌上不便说，但在酒桌上就可以，这也是时机的问题。诸如此类，都是说服中的心理技巧，俗语说"趁热打铁"，其实也是这个道理。

秦始皇驾崩后，丞相李斯在赵高的蛊惑下，同他一起假传圣旨，将公子扶苏害死，并把胡亥拥上了皇位。胡亥登基后，赵高备受宠爱，地位和权势也随之上升。而当时的丞相李斯对于赵高来说就变成了一个威胁，深思熟虑后，赵高决定将李斯除掉。主意一定，赵高就一直在寻找最佳时机。

当时的胡亥行事荒唐，实在让李斯看不下去，好几次都想进谏胡亥，但均被胡亥以“不理朝政”为由挡在门外。李斯后来就找到了赵高，希望赵高能够帮忙想个办法，赵高一口答应了下来。不久之后，赵高便对李斯说，皇上在某某宫内，现在可以去找他，谢过赵高之后，李斯就前往宫中进谏胡亥，不料当时胡亥正在和嫔妃们嬉闹玩乐，一见到李斯，心中觉得很扫兴甚至愤怒，命令李斯退下。

就这样，胡亥对李斯渐渐疏远，最终李斯被彻底冷落。

实际上，这就是赵高的计谋，在胡亥寻欢作乐的时候让李斯前去进谏，说一些很扫兴的话，胡亥不但不会听劝谏，反而会更加反感李斯。所以，时机是非常重要的因素之一，把握得不好，不但不能说服对象，还会彻底失去说服的机会。

图书在版编目（CIP）数据

破案神探：犯罪心理侧写 / 艾琳著．— 2 版．—北京：中国法制出版社，2020.6

ISBN 978－7－5216－0832－8

Ⅰ.①破…　Ⅱ.①艾…　Ⅲ.①犯罪心理学　Ⅳ.①D917.2

中国版本图书馆 CIP 数据核字（2020）第 021014 号

责任编辑：王　悦（wangyuefzs@163.com）　　封面设计：汪要军

破案神探：犯罪心理侧写

PO'AN SHENTAN：FANZUI XINLI CEXIE

著者/艾　琳

经销/新华书店

印刷/河北鑫兆源印刷有限公司

开本/710 毫米×1000 毫米　16 开　　印张/14　字数/108 千

版次/2020 年 6 月第 2 版　　2020 年 6 月第 1 次印刷

中国法制出版社出版

书号 ISBN 978－7－5216－0832－8　　定价：39.80 元

北京西单横二条 2 号

邮政编码 100031　　传真：010－66031119

网址：http：//www.zgfzs.com　　**编辑部电话：010－66034985**

市场营销部电话：010－66033393　　**邮购部电话：010－66033288**

（如有印装质量问题，请与本社印务部联系调换。电话：010－66032926）